爱是成长的指南针

孙燕青 ◎ 著

北京师范大学出版集团
BEIJING NORMAL UNIVERSITY PUBLISHING GROUP
北京师范大学出版社

图书在版编目(CIP)数据

爱是成长的指南针 / 孙燕青著. —北京：北京师范大学出版社，2017.1
ISBN 978-7-303-21780-9

Ⅰ.①爱… Ⅱ.①孙… Ⅲ.①语言教学－学前教育－教学参考资料 Ⅳ.①G613

中国版本图书馆CIP数据核字（2016）第307758号

营 销 中 心 电 话　010-58805072　58807651
北师大出版社学术著作与大众读物分社　http://xueda.bnup.com

AI SHI CHENG ZHANG DE ZHI NAN ZHEN

出版发行：北京师范大学出版社 www.bnup.com
　　　　　北京市海淀区新街口外大街19号
　　　　　邮政编码：100875
印　　刷：大厂回族自治县正兴印务有限公司
经　　销：全国新华书店
开　　本：890mm×1240mm　1/32
印　　张：6.25
字　　数：192千字　　印数：1～6 000
版　　次：2017 年 1 月第 1 版
印　　次：2017 年 1 月第 1 次印刷
定　　价：21.00元

策划编辑：谢　影　　责任编辑：谢　影
美术编辑：袁　麟　　装帧设计：李尘工作室
责任校对：陈　民　　责任印制：马　洁

序

陈英和，女，博士，北京师范大学二级教授、博士生导师，北京师范大学学位委员会委员，心理学院学位分会主席，教育部人文社科重点研究基地北京师范大学发展心理研究所副主任，中国心理学会理事，中国心理学会发展心理专业委员会副主任，国家政府津贴获得者，入选国家"新世纪优秀人才"。出版《认知发展心理学》等多部著作，发表学术论文80余篇。主要研究方向为儿童基本认知过程的发生、发展、培养和青春期心理。主持和参与科研项目十余项。

生活可以混沌亦可清朗，本书的作者孙燕青正是一位用心思体悟生活的发展心理学专家。初与燕青相识的时候，她还是当时的北京师范大学心理系的一名大三学生，我为她们班上儿童心理学课；及至她博士毕业时，我是她的论文答辩委员会成员，可以说我是看着她一步步成长的。她在学生时代是大家眼中的学霸，从本科一口气读到博士，师从名家（她的硕士研究生导师是心理学界泰斗张厚粲先生，博士研究生导师是北京师范大学现任校长董奇教授），成绩优异，学习认真刻苦到近乎不食人间烟火的地步。毕业后留校任教，30岁时被评为心理学院副教授。本以为接下来，她会顺理成章演绎一个典型的专家、学者的故事。然而，她却在31岁时随同丈夫去多伦多大学作博士后，人生的故事也因之改写。再次见到燕青的时候已是2015

年春，在纽约州立大学任教的她受心理学院邀请回北京为学生讲授毕生发展心理学课程，我们才有机会坐下来聊天。十多年过去了，燕青仿佛还是当年学生的模样，但此时的她已是三个孩子的母亲了。尤为难得的是，在国外艰苦奋斗的日子里，她不忘初心，始终保持着对心理学的热爱。她用平和深邃的眼光，用多年钻研的发展心理学专业知识，关注着家庭教育与儿童发展，她不仅将这些知识自然巧妙地糅合到了自己的家庭生活中，同时也在当地华人社区做了大量公益讲座，宣传、普及家庭教育方面的知识。在本书鲜活而贴近人心的例子中，您将真切地体会到作者的育儿心得，欣然发现带着孩子奔波于学校与才艺班的生活原来还可以抹上一缕智慧的柔光。

无论是初为父母，抑或家有儿女初长成，家长们可能都曾为教育子女的问题四处取经，为了给孩子创造一个安全舒适的成长环境衣带渐宽终不悔。古有孟母三迁，只为给孩子寻得好的物理成长环境，那么好的心理成长环境如何创设呢？读完这本书您将自有答案。正如书名所言：爱是成长的指南针。本书的"爱"字简洁却不简单。它涵盖了亲子交往过程中所涉及的发展心理学、认知神经科学和家庭教育等领域的专业科学理念、知识与方法。

首先，父母之爱不经意间渗透于生活点滴。家庭成员日常交流使用的语言，交往模式及其烘托出的情绪氛围，对于孩子建立安全感、理解爱与被爱、发展积极的自我概念、确立自我价值感、发展情绪管理能力、社会技能、语言、认知能力等都有重要作用。通过大量取自真实生活情境的妙趣横生的例子，您将真切地感受到亲子互动的实用知识与技巧。如儿童早期的亲子依恋关系对孩子身心发展的影响；亲子互动过程中使用情感词汇，采用积极的行为动作等对儿童情绪理解能力发展的影响。又如，儿童青少年大脑结构与功能的发展特点及其对孩子思维、情绪等方面的影响。再如，在孩子面临可能的失败时，家长采用什么样的言语及应对方式能既提供帮助，又保护孩子的自尊心……本书将帮助您结合儿童身心成长的规律理解孩子的思维与行为，让爱有的放矢。

其次，父母之爱渗透于夫妻相处的细枝末节。夫妻的互动特点、相处方式和言语行为都潜移默化地影响着孩子品性的发展。儿童品性不修、个人特质不具或人格不备，均难以成长为完整的人，更无从谈学业之成绩、事业之成功。在本书第五章中，您将从字里行间感受到父母如何成为爱的榜样，夫妻如何以爱的方式彼此相待，也将从作者的笔墨里回想自己所遇到过的类似情形与困扰，并思索可行的解决方法。

此外，父母之爱是无条件的，也是有方向的。它贯穿于儿童生活习惯与生活技能的培养过程中，贯穿于情绪管理能力、同伴交往能力以及言语能力的发展过程中。本书为您梳理了各年龄阶段孩子成长的主题，并围绕以上四个方面，筛选了大量一手的真实案例，有针对性地系统阐述了家庭教育的重要功能及方法。

爱也是相互的。孩子在成长时，家长自身的成长也被爱指引。从孩子的喜怒哀乐里，从孩子探索世界的思维火花里，从孩子古灵精怪的一言一行里，家长们既摸索了儿童成长之规律，也将修养自身的心性与品格，成为更好的自己。

这本书倾注了作者的心血与满腔挚爱，它行文流畅、文笔

优美，感人至深而又不失理性。书中丰富的案例故事不仅情感
细腻饱满，且具有很强的代表性。它们代表了孩子身心发展的
许多普遍问题及关键问题。作者观点的阐述以及对于这些案例
的解读基于大量实证研究，有理有据。此外，有鉴于作者在美
国生活的多年经历，书中所传达的育儿知识与方法融合了东西
方教育理念，能让您真切感受这两种教育思想的交融。相信这
本书能够为您提供在孩童教养、亲子交往方面的切实帮助，让
您与作者一道，用爱浇开美好生活之花。

　　是有望焉，谨序。

陈英和

2016 年 7 月

于北京师范大学

目录

学做父母

一个人从小到大要学习许多东西，学写字、学算术、学钢琴、学打球、学习某个专业……直至工作，也要经历各种学习、培训以及资格认证。然而有一件极为要紧的事，却很少有人去系统地学习或参加培训，更无从考量资格，这就是——为人父母。经常听到人们声称自己是职业的（professional）教师、医生、会计师或工程师，几曾听到有人骄傲地说自己是个职业的妈妈或爸爸？最常听说的大概是全职（fulltime）妈妈或爸爸，这里"全职"只表示时间、精力上的投入，对于这种投入的产出如何却无从说明。而这产出就是孩子的一生，包括他（她）有多健康，有多聪明，有什么样的工作，有什么样的家庭，会成为什么样的父亲、母亲……以及他（她）在多大程度上成为了自己想成为并且能够成为的人，他（她）是否快乐，是否幸福。

人们因着各种机缘踏上为人父母的旅程，有的是因为年龄到了，有的是因为学业或工作中正好有个空档，有的是因为自己的父母想抱孙子了，有的是希望借孩子拉近夫妻之间的情感等。不管怎样，大家开始忙起来，戒烟、戒酒、戒药，补维生素、补叶酸、补钙，买育儿宝典书籍，置办各种衣物用品。熬过孕吐的痛苦，熬过身体笨重带来的不便，提心吊胆十个月，

直至娇儿在手，一家欢喜，仿佛大功告成，孰不知这才是万里
长征的第一步呢。

　　此后的旅程基本上是摸着石头过河了。从小学到大学，没
有一门功课教人怎样做父母，家长们通常凭着直觉和当时的情
境行事，或者凭着经验行事，或者干脆模仿别人。比如孩子要
看电视，而我正忙着或懒得理他，就让他看吧；如果我心情不
好，正想拿他出出气，就会说"作业做完了吗？不知道应该先
写作业然后再玩儿吗？不知道看电视对眼睛不好吗？"等等。再
如，别人家的孩子学钢琴了，我们也学吧。别人家的孩子学奥
数了，我们也学吧。又如，我小时候作业要是写得这么乱，一
定会挨父母一顿责罚，那么我也照样责罚孩子吧。

　　为人父母，每天工作之余，还要忙活一家老小的吃穿用度
已觉疲惫，带着孩子奔波于学校、聚会、医院、各种辅导班、
才艺班更让自己分身乏术，如若再赶上家里有小婴儿夜夜不得
安睡，或有青春期撞上更年期、世纪大战一触即发，或几个孩
子之间你争我斗、各不相让，做父母的则有如全负荷的骆驼，
再添一根稻草就可能导致全军覆没。有一位家长被她6岁的女
儿气得吃不下饭、睡不好觉，她的朋友劝慰道："6岁不算什
么，等她16岁的时候，你才知道什么是动真气呢！"这位家长
简直不知道朋友的话是给她安慰呢，还是增加她的忧虑。

　　当然，为人父母之路并不都这样险恶。一路走来，有眼泪
也有欢笑，有辛劳也有安慰。孩子一个微笑，会带给父母无限
希望，孩子一句感谢，会化解父母一身的疲惫和满腹的委屈。
即便有些磕磕绊绊，孩子总是在不断长大。况且在这条路上摸
爬滚打得久了，对路况愈加熟悉，经验愈加丰富，遇事也愈加

从容，愈常有柳暗花明之感。

如此说来，做父母似乎是可以凭着经验无师自通，因此根本不需要去学。这话看似有些道理，细想却不尽然。经验虽然重要，但也有局限性。一来，经验的积累离不开大量的时间、大量的实践，而大量的时间和实践却不能保证积累出有价值的经验。正如小孩子弹钢琴，如果没有老师指点，竟自练习，往往练习得越多，错误就越顽固，越不易纠正。教育孩子也是一样，不良的教养方式成了习惯，也愈发难改。即使家长们在实践中悟到了"真知"，却往往发现时过境迁，教育的最佳时机已经错过，负面的影响业已造成，补救起来事倍功半。二来，很多时候，家长并不是不知道该怎么做，而是做不到。比如，我知道不应该对孩子大发脾气，可我控制不住自己。对于这类问题，专门的学习和训练会很有帮助。设想一个老师每天面对几十个孩子，当学生调皮、捣乱、不合作的时候，他会以职业的态度对待这些学生，分析为什么会产生这样的行为，什么样的应对方式更为有效等，而不会因一时冲动而失去控制。因此，与其感慨自己当父母当得太"业余"、为自己不当的教育行为感到遗憾甚至悔恨，未若把"为人父母"看作一门学问，通过系统地学习和训练，使自己的教育实践不断进步，并从中收获更多成长的快乐。

对于学习的必要性，其实许多家长是明了的。大家会找书来看，或者上网搜索，或者朋友之间讨论、咨询，这些方法都可能奏效，特别是可能帮助解决眼前的问题，但通常也会给家长们带来更多的疑问和困惑。例如，各种来源的信息品质良莠不齐，如何辨别？人家培养出了名校生，但他们的方法适用于自己家的孩子吗？上名校就是成功教育的标志吗？关于"虎妈""狼爸"的讨论铺天盖地，赞同？提倡？气愤？指责？对儿童的教育应当从严还是从宽？好妈妈真的胜过好老师吗？如果郎朗一直跟着他的爸爸、妈妈学钢琴，他能成为大师级的钢琴家吗？

我们知道，影响孩子成长的因素很多，家庭、朋友、老师、学校、社区乃至更为深层的社会文化都会影响孩子的身心发展。难怪有句谚语说"It takes a village to raise a child"，即集全村之力才能养大一个孩子。在这个纷繁多变、以整个地球为村的时代，家庭在孩子的成长中究竟起到什么样的作用，我们做父母的应承担什么样的责任，我们到底应该、能够给孩子什么？如果说为人父母是门学问，那么我们应该从哪里入手学起呢？

首先，正如一个人要养好花鸟虫鱼，需要做足功课、了解它们的生长规律，对于家长来说，学习孩子的成长规律和心理发展方面的基本知识是非常必要的。这些知识装备可以帮助家长更好地了解自己的孩子，即所谓知其然、亦知其所以然，从而能够在教养孩子的过程中从容一些、主动一些：一方面能够更好地促进孩子在各个方面的发展；另一方面又不至于被各种突发事件牵着鼻子走，终日像消防员一样忙于应付各种险情；或者被太多没有必要的担心、纠结所累，弄得心力交瘁、疲惫不堪；还可以尽量避免教养中的重大失误，一旦出现失误的时候能够及时补救；以及帮助家长及时发现孩子在发展中的问题，从而能够尽早寻求专业人士的帮助。

其次，作为家长，我们都希望为孩子提供一个良好的家庭环境。比如，我们会竭尽全力选择安全、优美的社区，选择合适的楼层、健康的家居用品，孩子的食品、衣物、玩具更不在话下。这些考虑多是针对物理环境的，然而还有一个环境，孩子从一出生就沉浸其中，却往往被忽视，那就是——心理环境。在每一天平常的生活中，我们的一言一行、彼此间交往的模式及其烘托出的家庭氛围当中蕴含着无数的教育契机。及时捕捉到这些契机并以适当的方式应对，往往会收到事半功倍的效果。因此，如何跟孩子打交道、如何创造适宜孩子发展的家庭环境也是家长需要特别学习的功课。

最后，为人父母不仅意味着我们可以见证孩子的成长，它也是我们自己成长的契机。毕竟，要成为更好的家长，我们首先需要成为更好的自己。我们从来无法教给孩子那些我们自己所不具备的品质。无论怎样的能言善辩与夸夸其谈，我们展现在孩子面前的终将是我们所拥有的，不多一分，不少一毫。陪伴孩子成长的过程为我们提供了绝好的机会去认识自己，特别是自己的弱点和局限。知耻近乎勇，通过不断地反思与实践，为人父母的旅程让我们与孩子一起经历蜕变与提升。

家长朋友们，在您翻看这本书之前，请您先想一想自己在家庭教育方面的目标和关注点。如果您当前的首要任务是提高孩子的学习成绩或者把孩子送入名校，那么本书恐怕远水解不了近渴，你不如去看应试策略、名校报考或申请攻略等方面的书籍。但是，如果您关注的是孩子作为一个人的成长、发展，您的目的是培养孩子健全的人格，确立自我价值感，让孩子有自信、有尊严地生活，帮助他成为他可能成为的最好的样子，那么本书正是您所需要的。

您可以把本书当作儿童心理学的微型科普读物。书中为您梳理了各个年龄阶段孩子成长的主题，以及孩子在几个重要领域，如生活习惯与生活技能、情绪能力、同伴交往能力、语言能力等方面的发展特点。这些知识装备将帮助您更好地了解自己的孩子，了解孩子成长发展的规律，从而能够在教养孩子的过程中做到有的放矢。本书的写作不是局限于一家经验之谈，而是以发展心理学、认知神经科学、家庭教育等领域的大量研究为基础的。我与心理学结缘始自 1991 年考入北京师范大学心理学系，一晃在这个圈里已经转了 25 年。对我来说，心理学不仅仅是个专业或者饭碗，它是唤起我的兴趣，调动我的智力和体力，让我带着极大的热情用生命去学习、实践和探索的一个领域。在此过程中，我接触到了许多有意思、有价值的研究发现，它们带给我感动，照亮了我的生活。我将这些研究发现融入本书的写作，希望它们也会为您带来启迪。

本书是专门为已经或者准备为人父母的朋友所写的。您将了解到家庭在孩子成长中的作用，家庭教育的基石，如何为孩子营造一个有爱的、有益于身心发展的心理环境，家庭成员之间，特别是家长与孩子之间在互动的时候需要遵循的一些基本原则，以及家长如何抓住日常生活中的教育契机，与孩子建立亲密、愉快的亲子关系，让孩子在爱与尊严中成长，培养孩子的安全感、自信心、主动性、探索求知的乐趣以及与人沟通合作的能力，同时也使自己在抚育孩子的过程中发展健全、成熟的人格，让自己和孩子一同成长。在我读书和刚开始工作的几年里，参与过不少面向家长的教学和培训。那个时候，我自己还没有孩子，对于做父母没有什么真切的体验，因此培训的时候，常常暗自感叹为什么这么简单的原则家长却难以实施呢。

直到我自己做了妈妈，才发现我虽有满腹理论，却连孩子吃饭、睡觉这样的常规琐事都对付不了，孩子大哭上 5 分钟，在我听起来却像 1 个小时那么久，足以使得那些行为塑造的原则不堪一击，这才明白"纸上得来终觉浅，绝知此事要躬行"的道理。而这躬行至今已有十余年，其间辗转于加拿大、美国，躬行的对象也扩展为姐弟三人。与小燕子似的一群儿女朝夕相处的日子，让我饱尝为人父母的甜美与艰辛，也给了我无数的契机去应用、检验那些从书本上学来的心理学理论和原则。从本书里，您将看到大量来自生活的真实案例，以及家长在与孩子斗智斗勇的过程中的苦恼、困惑和可能的出路，相信会引起您的共鸣。

　　本书分为上、下两篇，上篇"家庭教育的基石"主要讲解家庭教育的基本原则，即"无条件的爱"的原则。这一部分包括五章：第一章"家庭：儿童社会化的摇篮"主要讲家庭对孩子成长发展的影响；第二章"无条件的爱：成长的指南针"阐释了无条件的爱的含义，它与有条件的爱有什么区别，以及为什么它对于孩子的成长、家庭的幸福如此重要；第三章"爱与孩子的成长"讲述了从婴儿期到学步期、学前期、学龄期以及青少年期孩子的心理发展特点，以及在各个年龄阶段父母之爱的具体表现方式；第四章"生活中爱的功课"进一步讲解为了将无条件的爱落实在每一天的生活中，父母需要学习的几门功课，包括接纳而非拒绝，理解而非评判，宽容而非刻薄，谦卑而非骄傲，参与而非操控，温情与约束并重等；第五章"爱的榜样：父亲、母亲"谈到了家庭中夫妻相处的几个方面，包括好好说话、以爱相待，夫妻同心、真诚交流，以及夫妻双方的共同投入等，这几个方面对于家庭的和谐和孩子的健康发展是非常重要的。做父母的与其整天琢磨怎么在起跑线上抢跑，不如自己成为孩子爱的榜样，在无条件的爱的引领下，陪跑孩子的成长之路。

下篇"家学之重"的焦点是家长应当怎样"把钢使在刀刃上"，即家庭教育最应该带给孩子什么，以及怎样将"无条件的爱"的原则贯彻到家庭教育中的几个重要方面。这一部分包括四章：第六章"生活习惯与生活技能"讲解了家庭中制定规则、培养孩子良好的生活习惯以及生活技能的训练等方面的原则、方法、策略，包括规则的一致性、强化好的行为、怎样夸奖孩子、如何看待惩罚、让孩子通过承担后果来学习、直接的教导与训练、留意自己和孩子的能量状态，以及执行规则的技巧等；第七章"情绪管理能力"探讨了情绪在人们的心理发展和日常生活中的作用，它是如何随着人们年龄的增长而发展的，人与人在情绪能力上为什么会如此不同，家长应该如何促进孩子的情绪能力发展，为什么有些孩子比其他孩子更难对付，家长应该如何与不同气质特点的孩子相处等问题；第八章"与同伴交往的能力"分析了同伴在孩子的成长发展中的重要作用，为什么孩子受同伴欢迎的程度不一样，为什么他们表现出不同的社会交往技能，以及家长应该如何更好地促进孩子与同伴的交往等问题；第九章"语言能力"介绍了孩子学习语言过程中的一些有趣的现象和规律，比如语言学习的关键期、婴儿对语音、韵律的敏感和偏好、打手势的意义、亲子之间的联合注意等，并探讨了父母应该如何促进孩子的语言发展。父母的教养方式不仅将对孩子在这几个方面的发展产生举足轻重的影响，更重要的是，父母借着与孩子的交往塑造其人格、培养其优秀品质，而这正是家庭教育的重心。

以上介绍的这些内容是为人父母所必需的知识装备，希望此书能够对家长朋友们有切实的帮助。对于如何为人父母进行有意识的、专门的学习，小则关乎一个家庭的幸福感和一个孩子的发展，大则关乎整个社会的幸福感和国民素质的发展。我深知自己才智能力之有限，愿以此书抛砖引玉，唤起更多人士和机构对家庭教育问题的关注。

上 篇

家庭教育的基石：
无条件的爱

　　说起孩子的教育，我们总会想起一句看似有道理却又让人恨得咬牙切齿的话："不要让孩子输在起跑线上。"为什么这句话这么招人恨呢？首先，总有商家喜欢拿这句话当招牌忽悠家长掏钱，从奶粉、玩具、衣物、学习用品到幼儿园、学校、才艺班……似乎这些就是起跑线，如果没能提供给孩子最好的，孩子就有"先天不足"的危险，而家长则要承受负疚感的折磨。再有，这句话把人生比作一场赛跑，而且赛的还是短跑，起跑慢了会影响成绩，别人跑快了就意味着我没机会赢了，一个人的成功注定是建立在其他人失败的基础上的。更糟糕的是，稍加比较就会发现，从出生开始，大家就根本不在同一条起跑线上。我们不管怎样努力，也没有人家的财富多，没有人家的艺术细胞好，没有人家的人脉广……我们的终点线都够不到人家的起跑线。这样说来，人生岂不是没有指望了？

　　好吧，先放下让人头疼的起跑线，憧憬一下孩子的未来吧。作为家长，我们希望培养出什么样的孩子呢？或许我们的头脑中会出现这样一个孩子：从小聪明伶俐，可以在叔叔、阿姨面前展示背唐诗、识汉字、算算术等本领，上学以后成绩优异、比赛获奖、横扫藤校，钢琴、小提琴、篮球、足球……至少精通一项，其他的也能比划比划，长大以后有个好工作、有钱、有成就、出人头地。这样应该算是好孩子或者成功的教育了吧？哪位家长要是培养出这样有出息的孩子，大概就有资格出书传授经验了吧？且慢，我们只要留意一下身边的或电视节目里、新闻里的孩子或大人，不难发现，有些孩子能像复读机一样把长长的古诗连同释义一字不错地背出来，却说不出一句天真烂漫、表达自己真实想法或情感的话语；有些孩子为了学习成绩好或者练就某项技能付出了巨大的代价、承受着巨大的压力，他们可能没有时间与小朋友玩耍游戏、没有时间与爸爸妈妈亲昵，他们没有无忧无虑、自由探索、慢慢长大的童年，有些成绩、成就甚至是用身心健康、乃至生命换来的；有些所谓的"天才少年"，从小学习成绩优异，比赛得奖、跳级、提前考入大学、早早开始攻读硕士、博士，但是他们的生活技能严重不足，不知冷暖、饥饱，不能与他人正常地交流，或者深受压力与情绪困扰的影响，无法应对日常生活中的挑战，做出伤害自己或他人的极端举动；有些孩子虽然考上了名牌大学，但对自己的专业毫无兴趣，青春年少的时候已经开始按部就班、人云亦云地打发时光；当面临挑战的时候，他们对自己没有信心，害怕冒险、害怕失败，因此一次次地错失生活中或工作中的机遇；有些人虽然有好的工作、好的职位、有令人美慕的成就，但他们刻薄寡恩、自私冷漠，像对待机器一样使唤下属，和家人之间也没有真心的亲近与爱意；他们竭尽所能地追寻、索取，但财富、权力、学识、容貌都填不满内心那个巨大的空洞，他们既自负，又自卑，他们厌倦忙碌，但更害怕面对安静下来以后的迷惘与失落。可见，学习成绩、才艺、名校、好工作、成就等都不能保证带来美好的人生，而美好的人生所包含的内容尽管因人而异，但可以肯定的是，它远远不止这些东西。如果我们把一个人的成长发展看作树木的根本，那么上述那些东西则是树上结的果子。只有健康成长的树木才能结出又多又好的果子，同理，我们在养育孩子的时候也不能舍本逐末，而是要将孩子看作一个完整的个体，将教养的着眼点放在孩子的整体发展和健全人格的培养上。

    让我们再回过头看看起跑线的问题。所谓起跑线强调的无非是父母为孩子的成长所做的准备或提供的条件，但这个类比本身是有问题的，因为人生不是一场短跑比赛，也不存在那样一条决定输赢的、唯一的起跑线，一个人的成功更不是以别人的失败为前提的。人生更像一场旅行，一开始父母陪着孩子一起走，一边欣赏风景，一边教给孩子各种本领，为孩子独立面对人生的旅行做准备。孩子跟在父母身边，学习如何处理沿途遇到的各种问题、迎接各种挑战，学习与别人沟通、合作，学习做选择并为自己的选择负责任。随着孩子渐渐长大，他们越来越多地规划、管理自己的生活，直到有一天，他们将独立面对未知的旅程。那么，在我们能够陪伴孩子的这些年里，我们应该往他们的行囊中放些什么，才能让我们知道，即使当我们不在孩子身边的时候，他们也已经有能力走好自己的路，并成为最好的自己？而且我们知道，他们前面的旅行并不孤单，他们会结识好朋友，会遇到好伴侣，他们也会好好地养育他们自己的孩子，这样我们终于可以放心。下面，就让我们来看看家庭在孩子成长中的作用以及为人父母的责任。

第一章

家庭：儿童社会化的摇篮

（Norina Zhang）

　　孩子的成长发展包括两个相互关联、相互影响的方面：一个是作为个体的发展，比如身高、体重的增长，某项技能的提高等；另一个是作为一名社会成员的发展，包括学习社会知识，形成对人对事的态度和自己独特的行事为人的风格，确立价值观等，这个过程叫社会化。同伴、老师、学校、社区乃至整个社会都会影响孩子社会化，但没有什么比得上家庭对孩子的影响来得深刻、长远。因此，一个好的家庭不只是能提供给孩子吃穿用度，或者培养孩子的某项技能，家庭是孩子社会化的摇篮，从孩子到来的那一刻起，他通过与父母的交流感受着这个冷暖人间，他开始学习理解人与人之间的关系，理解他人的想法和情感，学习表达自己，学习与周围的人和环境打交道，学习各种行为规范，学习判断、选择……在孩子社会化的过程中，特别是在孩子幼小的时候，其他各种社会因素对孩子的影响也往往是通过家庭这个中介来传递和调节的。

家庭对孩子的影响就在日复一日、年复一年的点滴生活当中，不管你是无心插柳，还是有意为之，也不管你愿意不愿意，它都在发生。一般说来，家庭对孩子社会化的影响无外乎三种方式。第一种方式是直接的教导与训练。家长像教练一样，手把手地教给孩子那些他们认为有用的知识或技能，当孩子表现出理想的行为时，给予强化（奖励、鼓励）。比如，当孩子刚开始上幼儿园的时候，家长会教给孩子怎么跟老师、小朋友打招呼，遇到困难需要帮助的时候怎么跟老师说；当孩子有礼貌地跟老师说话或友善地跟小朋友一起玩的时候，家长会摸摸他的头，对他笑一笑，或者夸奖他。第二种方式是提供榜样、以身作则。家长的言行举止、观念、态度等都是孩子的榜样，比如如果家长平时都是用和风细雨、幽默从容、积极向上的方式和孩子说话，那么这样的孩子在学校里通常也是随和、开朗、有自信心的，他们更容易交到朋友，更容易受人喜欢。第三种方式是家长通过安排孩子的活动、选择孩子接触到的环境来影响孩子的发展。比如家长为孩子报班学习某项艺术或运动技能，为孩子举办生日聚会，邀请小朋友到家里来玩，带孩子参加公益活动或参与某个电视节目等，再如我们都熟悉的"孟母三迁"的故事，这些活动安排或环境选择的背后，都体现着家长的价值观，都是家长在有意识地影响孩子的社会性发展。

为人父母从来不是"一"项任务，每过一两年或者几年，家长都会面临新的挑战。对于新生的宝宝，家长最关心的是怎么喂奶，怎么添加辅食，他的身高、体重长了多少，怎么护理生病的孩子等；孩子稍大一些，家长要花很多时间训练他自己上厕所、穿衣服、吃饭；对于学龄前的孩子，家长的主要任务是培养他的生活习惯、生活技能，并开始关注孩子情绪调节能力、同伴交往能力的发展；上学以后，家长的关注点转移到孩子的学习能力以及兴趣、品质的培养上；对于青春期的孩子，其主要发展任务是独立性、理性思维、价值观、决策能力的培养，并为步入成年做准备。随着孩子的发展任务和家长的关注点的不同，以上谈到的家长对孩子的三种作用方式也将呈现出不同的排列组合，其具体做法也会因人而异。后面的章节将通过实例具体讲解家长对孩子成长发展的影响。在这里，我们要先来考察家庭教育中一个最根本的问题。不管家长使用哪种方式影响孩子，也不管是针对什么问题或什么年龄段的孩子，如果要让亲子交往对孩子的发展产生积极的、长远的影响，家长需要遵循一个基本原则，那就是"无条件的爱"（unconditional love）的原则。这个原则是家庭教育的基石，其他所有的方法、技巧一定要以这个原则为基础，才可能是真正有益和有效的。可以毫不夸张地说，如果一个家长真正弄明白什么是无条件的爱，并落实在行动上，那么他（她）可以算是百分之百合格的家长了，有这样的父母亲的孩子可以算是有福的孩子了。

第二章

无条件的爱：成长的指南针

（Albert Zhang）

　　看到这里，有人可能会觉得失望："还以为是什么教育孩子的秘诀，原来又是老生常谈。爱有什么好说的，做家长的哪有不爱自己的孩子的？再说，光有爱就够了吗？看看那些纨绔子弟，哪个不是家长捧在手心里长大的，他们缺少爱吗？还不照样无法无天的？"也许有人会不赞同"无条件"这几个字："爱怎么能是无条件的呢？谈恋爱的时候，哪个女孩会爱上没学历、没工作、没房、没车的男孩？同样，一个调皮捣乱、打架、骗人的孩子让我怎么去爱？难道让我承认他们那样是对的吗？那不是混淆是非了吗？"其实，人们之所以这样想，是因为他们误解了什么是真正的爱、怎么去爱以及爱能够带给人怎样的力量。如果说教育真有什么秘诀的话，秘诀即在于此。在这里，让我们耐下心来一起"谈情说爱"吧。

爱是什么？著名的作家、思想家 C. S. Lewis 在《四种爱》(*The Four Loves*)一书中把爱分成四类，分别是家庭之爱（Affection，希腊文是 storge）。它的原意是父母与孩子之间的亲情，也泛指对熟悉的人或事物的一种很亲切、很舒服的感觉，比如故乡一座熟悉的小桥、一个老邻居、一道家乡菜都会唤起温暖人心的情感；朋友之爱（friendship，希腊文是 philia），即友谊或兄弟情谊，比如吴宇森导演的电影《纵横四海》《英雄本色》等都很好地诠释了兄弟情谊；浪漫之爱（romantic love，希腊文是 eros），即恋人之间的"冬雷震震，夏雨雪，天地合，乃敢与君绝"式的爱情；还有恩慈之爱或圣洁之爱（charity，希腊文是 agape），它是上帝放置在人身上的慈心善念，是其他各种爱的根基和源泉，没有它人就不会有亲情、友情和恋情，即便有也会渐渐消退而难以持久。

以上四种爱的对象、表现方式各不相同，但都有一些共同特点。真正的爱是不自私的，它所关注的是爱的对象而非自己。真正的爱是无条件的。无条件不代表没有是非原则，也不等同于喜欢或认同一个人的所作所为，它的含义是，当我们无条件地爱着一个人的时候，我们对他的爱不是因为他能给我们带来更多的快乐或利益，甚至不是因为他可爱或值得爱，我们爱的只是他本身，而不需要任何附加的条件。而这种爱是由意志选择的，我们可以选择去爱，也可以选择不去爱。当我们选择去爱的时候，就是选择去做建造对方的、对对方有益的事情，而不去做诋毁对方的、对对方有害的事情。爱是负责任的、有担当的，爱是宽厚、忍让、永不止息的。

　　举个例子。假如一个男生看到一个年轻漂亮的女生，就喜欢上她，不惜时间、金钱去追求她，终于抱得美人归，这算不算真正的爱呢？不一定。如果这个男生"爱"的是"年轻漂亮的"女生而非"这个"女生，那么可以想见，当他遇到更加年轻漂亮的女生时，他对昔日的掌上明珠一定是弃之如敝屣。而女生大可不必感叹"他为什么不爱我了"，因为他从来就没有爱过你，他爱的只是年轻漂亮的你，或者说他的爱是有条件的。在有条件的爱里，人们会用一把无形的尺子去衡量爱的对象，并像经济学家一样作比较分析，寻找最值得爱的人去爱，即俗语所说的"钓金龟婿""买实力股"。不管是"钓"，还是"买"，都是有条件的，都算不上真正的爱。"红颜未老恩先断，斜倚薰笼坐到明""人生若只如初见，何事秋风悲画扇""千金纵买相如赋，脉脉此情谁诉"……古往今来，多少哀怨之句都是被这种有条件的爱催生的。那么，怎样算是无条件的爱呢？叶芝有一首著名的诗，《当你老了》。

When you are old

How many loved your moments of glad grace,

And loved your beauty with love false or true,

But one man loved the pilgrim Soul in you,

And loved the sorrows of your changing face.

很多人翻译过这首诗，我比较喜欢冰心译的：

> 多少人爱过你青春的片影，
> 爱过你的美貌，以虚伪或是真情，
> 惟独一人爱你那朝圣者的心，
> 爱你衰戚的脸上岁月的留痕。

这首诗之所以动人心弦，就是因为它写出了真正的爱情，这种爱不因岁月流逝、容颜衰损而改变，这种爱爱的是那个人本身，这种爱是无条件的。

绕了这么大一个圈子，旨在以浪漫之爱为例说明无条件的爱与有条件的爱之差别。现在言归正传，让我们重点考察家庭之爱，特别是父母对孩子的爱。身为父母，我们常常宣称自己是爱孩子的。但如果扪心自问，我们对孩子的爱在多大程度上算作无条件的爱，恐怕很多人都没有把握。有多少时候，我们要求孩子学习某个技能是为了弥补自己童年时的遗憾；我们从孩子的考试成绩中看到的是自己的成就或失败；我们责骂孩子只是因为我们不擅于控制自己的情绪，把孩子当作了出气筒……不久前，国家调整了独生子女政策，允许生二孩了。很多家庭开始考虑再生一个小孩，将来两个孩子有个伴儿，可以互相照顾。于是很多实际问题摆在了家长面前：再生一个孩子是否养得起，是否有精力照顾，是否有人帮着带孩子，是否会耽误工作等。但还有一个问题，不知有多少家长问过自己，那就是"我能否以公平之心不偏不向地爱这两个孩子？"根据一项调查，在有多名子女的美国家庭中，有65%的母亲和70%的父亲承认自己对孩子们的喜爱程度不同，在几个孩子当中，有一个是自己最喜爱的（Shebloski 等，2005）。同样是自己的孩子，手心手背都是肉，却有那么多父母会有所偏爱。回想我们自己成长的经历，会发现这个研究结果并不出人意料。我们经常可以看到家长因为各种各样的原因偏爱某一个孩子，比如有的家长偏爱长得好看或者长得更像自己的孩子，有的家长偏爱性格乖巧的孩子、纵容厉害、强势的孩子，有的家长偏爱男孩或者女孩，有的家长偏爱老大或者老小……且不谈家长与孩子的相处方式是否得当、是否有益于孩子成长，即便是对于自己所偏爱的孩子，仅就家长对孩子的爱受到这么多因素的牵绊而论，我们怎么好意思说这种爱是无条件的呢？而无条件的爱的缺失会为孩子的成长带来许多负面影响。研究发现，不那么讨家长喜欢的孩子更容易自卑、沮丧，更容易觉得自己没有价值。而且父母的偏爱对几个孩子之间的关系、亲密程度也有很大的影响（Campione-Barr 等，2010，2011，2013）。当孩子觉得父母偏心或不公平的时候，他与兄弟姐妹之间更容易产生冲突、竞争和敌意，缺少温暖关怀和相互支撑。因此，准备要二孩或者已经有了几个孩子的家长要特别留意自己的心态和与孩子们相处的方式。如果家长能以光明正大之心平等地看待孩子们，让每个孩子都明白自己是父母所钟爱的无价之宝，这样，孩子们小时候是玩伴，长大以后是亲人；如果家长厚此薄彼，动辄拿孩子做比较，"你为什么不能像姐姐那么懂事？""这样的题弟弟都会做，你还做不对"，或者当着一个孩子的面挖苦、贬损另一个孩子，这样一来，孩子们小时候是仇人，长大以后是敌人。对家长来说，可就事与愿违了。

当然，爱对人的影响还不仅限于此。无条件的爱为人的成长指引方向。Covey 在其畅销书《高效能家庭的 7 个习惯》（*The*

7 habits of highly effective families）中写道，每个人的内心都有一种内在的成长潜能。当一个人被无条件地爱着的时候，他的内心是满足的，他感到自己的人生是有价值的，而这种自我价值感可以释放成长的潜能，使人倾听自己内心的声音，成长发展为一个更好的自己。那些从未被无条件地爱过的人的内心是贫瘠、空洞的，由于缺乏内在的价值感，他们找不到成长的方向和动力。有些人试图从其他方面来借取力量，把成长指向名誉、地位、才学、金钱等，他们耗费大量的精力，希望以这些东西来填补内在的空虚，或者证明自己的价值，然而穷其一生却找不到真正的安慰。因此，对于家长来说，最重要的事莫过于无条件地爱孩子，这种爱既是孩子成长的指南针，也是成长动力的源泉。

我曾经问我大女儿，"你最想要什么样的家长？"她给我讲了个比喻，"在《爱丽丝漫游奇遇记》里面，爱丽丝掉进了一个兔子洞，她不停地坠落、坠落，她心里很害怕，直到发现掉到洞的最底下的时候，有一把椅子接住了她，椅子上有软软的坐垫，她一点儿也没有受伤。我想要的父母就像那个带着软坐垫的椅子，能在我坠落的时候接住我。"为人父母总有忙不完的事、操不完的心，但孩子最想让我们成为的竟是一把带着软软的坐垫的椅子。这把椅子所能带给孩子的其实就是支持和安全感，是"不管发生了什么，我都在这儿，我会一直陪着你、保护你、支持你"，是无条件的爱。

有的育儿书籍中写道，在各个年龄阶段，儿童需要的东西不同，在0～2岁，儿童最需要的是无条件的爱……此言差矣。来自父母的无条件的爱对孩子一生的发展都是至关重要的，只不过在不同年龄阶段的表现方式有所不同而已。下面，就让我们来看看孩子在各个年龄阶段所面临的主要发展任务，父母应该怎样以爱的方式与孩子相处，让无条件的爱伴随孩子的成长。

第三章

爱与孩子的成长

（Hope Zhang）

在众多的心理发展理论当中，对我个人来说，受益较多的是埃里克森（Erikson, E）提出的"心理社会发展理论"（psychosocial theory of development）。埃里克森是弗洛伊德的女儿安娜的学生，因此他的思想深受弗洛伊德的影响，他的心理社会阶段的划分与弗洛伊德的理论也基本一致。然而，与弗洛伊德关注本我（id）不同，埃里克森更关注自我（ego）的发展，强调社会、文化对人格发展的影响，他扩展了弗洛伊德理论中的阶段划分，提出了覆盖生命全程的人格发展理论。根据社会、文化对人的发展、适应提出的不同要求，埃里克森将人格的发展分为八个阶段，每个阶段面临着独特的发展需求或危机（crisis）。每个危机的顺利解决将使人获得某种重要的品质，并为以后健康的人格发展打下基础；危机解决得不好则容易带来不健康的人格发展和不良的自我概念。需要注意的是，人格的发展并不是一旦错过某个关键期，就无法弥补。不过，消除早期经历对发展的不良影响确实不容易，往往事倍功半。因此，从一开始就以好的方式与孩子相处远比以后纠错要实惠得多。另外，这里所提到的年龄阶段只是一个大致的划分，并不是绝对的限定。

在人生的八个阶段当中，从婴儿期到青少年期共有五个阶段。下面我们将以埃里克森的理论为主线，结合其他的理论与研究，梳理孩子在各个阶段的心理发展特点，以及父母之爱的具体表现方式。

（一）婴儿期：出生～18个月

这个时期的发展危机是"信任"亦或"不信任"（Trust vs. Mistrust）。对初生的婴儿来说，他们尚不知道所来到的世界是什么样的。他们将通过与父母或其他看护者的相处来感受这个世界，渐渐形成对周围环境的认识。没有人天生就知道怎样照顾婴儿，但用心的父母一定是优秀的学习者，通过日复一日的悉心练习，他们很快就能分辨孩子所释放的各种信号的含义，比如安静、愉快、饿了、困了、烦躁、疼痛等，他们能够明白婴儿的需要，并给予及时的、适当的照顾。长此以往，孩子将渐渐形成对周围世界的信任感，他们会觉得自己生活在一个安全、温暖的地方，爸爸妈妈是可以信赖的。这种安全和信任带给人的是内心的舒展和放松，而舒展、放松的心境最有利于希望的种子生长。当孩子长大以后遇到种种困难、威胁的时候，希望将带给他们力量，陪伴他们度过艰难的时刻。这种安全和信任也会影响到他们将来的人际交往。具有安全感的人在与别人相处的时候通常会感到放松、舒服、心里踏实，没有那么多纠结、猜疑，不论和朋友还是爱人，和长辈还是孩子，他们比较容易与他人建立亲近、融洽的关系。相反，如果父母对婴儿的需要不敏感，不做反应，婴儿终日饥一顿饱一顿，累了、烦了没人安抚，难受的时候没人照顾，甚至会受到虐待，婴儿将逐渐对周围世界形成不信任的感觉，他们会觉得自己生活在一个水深火热、险象环生的地方，父母是不能信赖的。久而久之，孩子的心理世界将变得晦暗、拧巴，没有希望作支撑的内心会生出恐惧。即便是长大以后，他们仍容易产生高度的焦虑和不安全感，对周围的环境和人都没有信心，不敢也不善于和人打交道，难以和他人建立亲密的关系，纵有才华、能力，也往往被内耗消磨殆尽。

可以说，早期亲子关系的质量对孩子一生的发展具有重要的意义。这一观点得到了依恋（attachment）方面的研究的支持。依恋是指婴儿与看护者之间发展起来的强烈的情感联系。依恋关系可以被分为安全型和不安全型两大类（Ainsworth 等，1978）。研究者让婴儿和妈妈待在一个房间里，观察他们的表现，发现有些婴儿和妈妈在一起的时候感觉很舒服、很放松，他们可以很自由地探索周围的空间，爬来爬去、摆弄各种玩具，时不时回到妈妈身边亲昵一会儿，就又去玩自己的了；如果有陌生人进到房间里来，只要有妈妈在，他们也不会害怕；如果妈妈离开房间，婴儿马上就会觉察到，他们会表现得非常不安，大哭大闹，而且别人安慰不了他们，直到妈妈回来，一切云开雾散，他们又高兴起来，研究者将这种亲子之间的情感联系称为安全的依恋关系（Secure attachment）。不安全的依恋关系主要有三种表现方式：第一种是回避型（Avoidant attachment），当婴儿和妈妈在一起的时候，婴儿当妈妈是空气，无视她的存在，自己玩自己的，和妈妈基本没有互动，妈妈离开房间的时候婴儿不予理会，妈妈回来的时候也不会表现出热情；第二种是矛盾型（Ambivalent attachment），当婴儿和妈妈在一起的时候，婴儿往往表现出紧张的特征，比如黏在妈妈身边，或者哭哭闹闹让妈妈抱，他们非常被动，不怎么探索周围环境，当妈妈离开时会表现出明显的不安，但当妈妈回来时，他们不仅不会感到安慰，反而会非常生气，表现出拒绝的行为，比如把妈妈推开，甚至对妈妈拳打脚踢；第三种是混乱型（Disorganized attachment），从面部表情可以看出，这些婴儿惧怕看护者，他们在看护者身边的时候非常紧张、困惑、不自在，经常表现出回避或抗拒的行为。研究发现，早期的依恋关系会影响到孩子以后的认知、社会性的发展。比如，有着健康、安全的依恋关系的婴儿长大以后，更倾向于表现出比较强的问题解决能力，更容易坚持不懈，更少哭闹，更具社会交往能力和领导才能，更具同情心，他们的语言获得能力和认知推理能力也更好，而且这种优势可以一直持续到中学阶段。有着不健康的依恋关系的婴儿长大以后更有可能表现出适应不良，比如过度依赖父母、更具攻击性或敌意、冲动、退缩、恐惧、不合作、不善于与同伴交往等（Jacobson 等，1994；Cassidy 等，1996；Kochanska，2001）。

那么，怎样才能帮助孩子建立安全、健康的依恋关系呢？研究发现，母亲与婴儿的交往方式及其对婴儿需求的反应性影响着亲子之间情感联系的质量。一般来说，如果母亲接受、认可自己作为看护者的这一角色并能全身心地投入，对婴儿的需求敏感，能够及时做出适当的反应，以温馨、积极的方式与孩子相处，那么她与孩子之间通常有着健康、安全的依恋。反之，如果母亲不愿接受自己的角色，对孩子的需求漠不关心，以冷冰冰的、严厉的、消极的方式对待孩子，那么她与孩子之间的关系通常是不健康的（Ainsworth 等，1974；Moss 等，1998）。也许有人觉得母亲通常比父亲更会带孩子，那么是不是只有母亲才能与孩子发展安全的依恋关系呢？其实不然。研究发现，父亲与母亲在对孩子需求的敏感性和与孩子建立依恋关系的能力上是相似的，只要父亲能够全心投入，与孩子有足够长时间的、高质量的相处机会，父亲也能与孩子建立起健康的依恋关系。而且，与父母双方都有安全依恋关系的孩子，比只与一个家长有安全依恋或者完全没有安全依恋的孩子有着明显的发展优势：他们有更好的自我感觉，更善于与同伴交往、更加聪明、更富有同情心、更少性别定势，生活满意度更高，心理更健康等（Black 等，1999；Verschueren 等，1999）。父亲在孩子的成长过程中起着至关重要的作用，我们在后面的章节还会谈到这一点。

总之，对婴儿来说，无条件的爱不是给孩子买炫酷的益智玩具或时尚的衣服，不是为他请"殿堂级"的保姆或者把他全时地丢给祖父母，而是不管你有多忙或者多累，还能够经常陪在他身边，你理解他的喜怒哀乐，当他微笑的时候，你也会对他笑；当他烦躁的时候，你会把他抱在怀里，轻轻摇着，温柔地和他说话；当他痛苦的时候，你能给他及时的、正确的护理。婴儿最容易看清楚的就是他被抱着的时候看护者的眼睛，无条件的爱就在你充满爱意的眼神里。

（二）学步期：18 个月～3 岁

这个时期的发展危机是"自主性"亦或"羞耻感和疑惑"（Autonomy vs. Shame and Doubt）。18 个月以后，孩子走得越来越稳当，他们的活动空间大大地扩展了，同时，他们发现自己具备很多本领，比如，他们知道怎么摆弄玩具，他们可以自己穿上衣服等。与之相应，他们的自我意识开始发展，他们想按照自己的意愿做事情，想看到自己对周围环境的影响。比如，他们可能会走到一个爸爸妈妈看不到的地方，或者去玩一个大人不让玩的东西；饭菜摆在桌上，但他们想自己决定要不要吃，吃哪些东西；妈妈说要睡觉了，但他们想自己决定要不要睡觉……总之，他们不再是那个任由大人摆布的小宝宝了，他们总在有意地试探你的底线和许可的边界。有人把这段时间称作"可怕的两岁"（terrible two），家长猛然感觉孩子不那么"听话"了，好像总是有意跟家长对着干。通常，这也是家长第一次想给孩子一巴掌，或者真的打出了这个巴掌的时候。这么大的孩子最爱说两个字，一个是"不"字，记得我儿子两岁时把"登鹳雀楼"背成"白日依山不尽，黄河入海不流，欲穷千里不目，更上一层不楼"，真是说"不"字说得上了瘾；另一个是"我"字，"我的杯子""我的车""我的妈妈"……这里，"不"字表达了孩子的独立意识和自己的意愿，"我"字则是他们对自主的诉求，他们要明确自己的势力范围并进一步扩展，要看看自己到底能对周围的世界产生什么样的影响，这在人格发展中是非常关键的一步。同时，学步期的孩子毕竟还小，离纯熟地掌握各种生活技能尚有很大距离，比如尝试系扣子却系不上、吃饭时把牛奶碰洒、跑的时候摔倒、费了半天劲却无法让大人明白他在讲什么等。当孩子反复尝试一件事却无法做好或者不小心出现意外状况时，他们往往会产生挫败感。

　　因此，在这个阶段，家长一方面要认可孩子对自主性的探索，鼓励孩子自己做力所能及的事情，要有足够的耐心，同时还要细心观察，在需要时提供适当的帮助，增强孩子的自信心，避免过多的挫败感。比如，很多家长都有体会，由家长来给孩子穿衣服一定是最省时省力的，但如果孩子在自己尝试着穿衣服，不要阻止他，也不要嫌他慢或挑剔他穿得不对，家长只需要在一旁欣赏地看着他，耐心地等他穿完，然后挑上一、两处他做得好或有进步的地方夸奖他，如果发现他尝试了几次也做不好，可以给他做个示范或帮他完成一部分，让他完成其余的部分。当家长为孩子提供帮助的时候，应该注意保护孩子的自尊心，不要让他感觉自己什么都做不好。记得有一年冬天，天气特别冷，路边的积雪冻成了冰，路面不平而且非常滑。我带着儿子走路的时候，他说："妈妈，我长大了，可以自己走，不用你拉手"，说着，他就自己摇摇晃晃地走在前面。

当时他只有两岁多，在这么滑的路上自己走一定会摔的。怎么办？"专家"也许会说，给孩子穿得厚厚的，摔一下也不要紧，尽管让他自己走，摔了以后他就知道小心了。但我是真心舍不得孩子摔跟头，又不愿意让他觉得自己不行，于是我急中生智向孩子求救："哎呀，路太滑了，妈妈都站不住了，你快来扶着妈妈吧。"儿子一听，马上转回来帮助我，一路都领着我的手，我们谁都没有摔跟头。和孩子打交道就是这样，没有唯一正确的方法，家长需要随机应变，根据具体情况选择合适的方法。另一方面，家长需要根据孩子的能力水平安排、控制生活环境，尽量减少意外，但当意外发生的时候，则以宽容之心来对待。比如，考虑到小孩子可能把牛奶碰洒，每次给他倒奶的时候只倒1/3杯，这样就不容易洒了，而且即便洒了，收拾起来也比较容易。当孩子真的碰洒牛奶的时候，不要严厉地责备他，特别是在他已经为此感到难过的时候，可以轻声地安慰他几句，请他和自己一起把桌子擦干净，提醒他以后小心一些。家长需要在培养自主性与减少挫败感、鼓励探索与适度控制之间找到平衡，给予孩子足够的鼓励和支持。成功地渡过这一阶段的孩子将更加独立自主，更加自信，对自己的能力更有把握，他们知道自己能够胜任这个世界的要求，能够支撑起属于自己的一片天空。反之，如果孩子每天感受到的都是家长的批评、挑剔、不满，或者过度的控制，而从未有机会坚持自己的主张，他们则会产生自卑和羞耻感，他们会觉得自己不够聪明，不够强壮，不够漂亮，不够能干……总之，自己不够好，他们会怀疑自己的能力，不敢尝试有挑战的事情，或者过度依赖别人。

与孩子活动能力的增强及其对自主性的探索相一致，学步期也是建立规则（立规矩）、培养生活技能、养成良好习惯的关键时期。我们将在后面的章节专门讨论这一主题。而这些任务的完成都离不开家长的爱。概括而言，对于学步期的孩子，无条件的爱就是家长热情的鼓励、耐心的等待、真心的宽容和适度的控制。

（三）学前期：3~5 岁

这个时期的发展危机是"主动性"亦或"内疚感"（Initiative vs. Guilt）。3~5 岁是一个特别活跃、发展迅速的时期，孩子能跑能跳，能喊能闹。如果有几个这么大的小孩在你跟前折腾，哪怕你只是坐着看着他们，你都会觉得累，不由得会羡慕他们充沛的精力。他们的社会活动范围也扩大了，很多孩子在这个时候开始上幼儿园，开始和家庭成员之外的人打交道，比如老师、邻居、其他小朋友等。也是从这个时候开始，孩子有更多的机会和其他小朋友一起玩。如果你把两个更小的孩子放在一起，他们往往是各玩各的，没有太多互动。但 3 岁以后，孩子可以真正和同伴一起玩，他们一起追追跑跑，一起做游戏，自己制定游戏规则，自己解决争端。在这个过程中，孩子在锻炼重要的社会交往技能，比如他们会主动向小朋友发出邀请，玩的过程中遇到纷争时会尝试通过协商、妥协来解决等。如果家长能经常为孩子提供这样的机会，并鼓励他们主动发起与同伴的交往，则非常有利于孩子发展主动性，培养社会性技能，特别是领导才能和决策能力，使孩子在社交场合更加从容不迫、自信、有安全感。如果家长经常限制孩子与同伴一起玩儿，或者动不动批评、惩罚孩子，或者施加过多的干涉、控制，比如总是让孩子按照大人的要求去玩，不给他们自己决策的机会，或者当几个孩子之间遇到矛盾纷争的时候，家长马上出手干预，而不给孩子机会尝试自己解决问题，那么久而久之，孩子容易产生内疚感，他会觉得自己什么也做不好，觉得自己对别人来说是无足轻重的。这样的孩子容易缺乏主动性，缺乏领导意识，只能随波逐流，跟在别人后面走。

学前期的孩子还有一个特点，就是特别爱问五花八门的问题。这是一个特别渴求知识的年龄段，孩子会有好多稀奇古怪的想法，对什么事情都想弄清楚，而且愿意和人分享，希望别人能理解他。有时家长会被问得不胜其烦，或者会觉得那么复杂的问题没法跟你解释清楚，或者会觉得那么无聊、幼稚的问题没必要回答，总之，家长往往用三言两语敷衍、搪塞孩子，或者急于抛出一个所谓的正确答案，甚至批评、指责孩子，"没看我忙着呢吗？别捣乱了""有什么好问的，不是明摆着吗？""关你什么事，你管那么多干嘛？""你有完没完，真烦人！"在这些斥责之声、搪塞之词中，孩子的好奇心、求知欲渐渐被冲淡了，取而代之的是内疚感，他会觉得自己很没用，问的问题毫无意义，另一方面，他会觉得家长对他没有兴趣，他和家长没法交流，渐渐的，他的心门将不再向家长敞开，不再愿意和他们分享自己的想法。许多家长等孩子长到十几岁，开始着急："为什么我们说什么他都听不进去，为什么他什么都不肯跟我们说？"答案很简单，因为在孩子成长的这些年里，你们没有养成良好的交流习惯。因此，当孩子兴奋地跟你讲述一件事情的时候，哪怕是很幼稚的事情，你只要尝试站在他的角度去看，你就会发现有意思的地方，从而能饶有兴致地听。如果你正忙着，无暇分心，不要搪塞他，只需跟他说："这件事很有意思，爸爸、妈妈特别想听你说，请给我十分钟，我把这封信写完就去找你。"如果他问了一个复杂的问题，你不必马上给出正确答案，因为那个答案本身并不重要。你可以跟他一起讨论，鼓励他思考，给他机会说出自己的想法，你们还可以一起上网或去图书馆、书店查资料，一起寻找答案。这样，孩子心里会明白，在爸爸、妈妈眼中，我的想法很重要，我很会思考，我提的问题很有意思，爸爸、妈妈愿意和我聊天。在这个过程中，孩子的自信心、主动性、好奇心得以发展，他的思维能力、表达能力得以锻炼。更重要的是，亲子之间养成了良好的沟通习惯，当孩子长大后，他们仍然能够把父母当成朋友，分享自己的快乐与烦恼，倾听家长的意见，这样，家长的满腹经验才能派得上用场，而不至于只能无奈地感叹"不听老人言，吃亏在眼前"。

再有，对于学前期的孩子，倾情陪伴与亲昵爱抚仍然是非常重要的。对于小宝宝，家长们通常毫不吝惜亲吻、拥抱，但随着孩子渐渐长大，家长往往自觉或不自觉地与孩子拉大了距离，不再像从前那样搂搂抱抱，也不再常常陪在孩子身边，开始把他们当作大孩子看待。其实，学前期的孩子仍然渴望父母的爱抚、关注和陪伴，仍然能够从中获得巨大的满足和安全感。举一个我自己家里的例子。我刚刚生完第三个孩子的时候，工作和家务特别繁重，常常筋疲力尽。有一天，当我忙完手头的事情，还有几分钟空闲的时候，真想自己待一会儿，但看看表，离小女儿睡觉的时间还有一会儿。想起近来忙忙碌碌，与她单独相处的时间少了一些，还是把这几分钟给她吧，于是我走进她的房间。小女儿见我又回来了，特别高兴，我们一起说笑了一会儿，又亲了亲、抱了抱，当我再次跟她说晚安要离开的时候，当时只有 4 岁的女儿说出了一番让我永远难忘的话，她说："妈妈，如果是别人家里有了新宝宝，那个孩子一定会问'妈妈你还爱我吗？'我就不问，因为我知道妈妈爱我，我也爱妈妈，爱爸爸，爱姐姐，爱弟弟，也爱我自己"。孩子的话带给我巨大的安慰。一个对爱有着真切体验的孩子更有可能懂得爱、学会爱，而一个内心有爱的孩子是最为有福的。当然，不仅小孩子渴望与父母亲近，即便对于许多更大的孩子甚至成人，亲密的身体接触、关注、陪伴仍然是他们感受爱和表达爱的重要方式。但在我们这些已为人父母的人以及我们的长辈中，有多少人已经不记得和父母拥抱是个什么感觉了？希望从我们这一代人开始，不要把拥抱的感觉从孩子的记忆中抹去吧。

总之，对于学前期的孩子，当他一本正经地讲述阿猫阿狗的小事时，你能够耐心地倾听；当他天马行空的思考、提问时，你能够陪着他们探索；当他和小朋友一起游戏时，你是后勤和啦啦队。无条件的爱就在你为他们付出的时间、耐心和热情里，就在每一个亲吻和拥抱当中。

（四）学龄期：6～12 岁

这个时期的发展危机是"勤奋"亦或"自卑"（Industry vs.

Inferiority）。上学以后，孩子的主要活动从玩变成了学习，他们在学校里要学习各门功课，回家以后还要上各种辅导班或才艺班，他们越来越忙，越来越需要独立完成一些任务。老师和同学对他们的影响越来越大，通过老师对他们的态度和评价，以及同学之间的相互比较，他们渐渐形成自我概念，即自己在某个方面做得怎么样，比如他知道"我数学学得很好"，"我足球踢得一般"等。如果家长注重从小鼓励孩子的主动性、培养他的兴趣爱好，则可以帮助孩子胜任某门功课或某种技能的学习，进而发展积极的自我概念，树立自信心，这样，孩子会觉得自己是有能力的，并会为此感到自豪。反之，如果家长或者老师过于严厉，抑制了孩子的主动性，孩子则容易产生自卑心理，觉得自己是低人一等的次品，在遇到挑战的时候，他们容易怀疑自己的能力、避重就轻，因而无法充分地发展潜能，达不到本来可以达到的高度。因此，家长积极、鼓励的态度非常重要，特别是当孩子遇到困难、挫折的时候。我们来看一个生活中的实例。

佳佳是一个一年级的孩子，正在做语文作业，抄写生词。今天的生词很多，她已经写了好半天，手都写累了。这时，她遇到一个特别难写的字，她改了好几次，总是写不好，作业本被涂得黑黑的，佳佳又累，又着急，还很委屈，哭了起来。佳佳的妈妈听到哭声，放下手里的事走过来，看看作业本，再看看佳佳哭得皱巴巴的小脸，她会怎么做呢？

一种可能是，佳佳的妈妈看到作业本，心里想"就这么几个字，磨蹭了这么长时间，还写得乱七八糟，真是不像话。"再看看佳佳哭皱的小脸，更是来气，因此张口就训斥孩子："作业写得这么乱，还有脸哭！别哭了，这一行重写，赶紧写，写不完别吃饭。"这些话放在这里也许显得突兀，但在许多家庭，在许多场合，家长就是用这副腔调和孩子说话的。可以想见，说完这番话后，佳佳的妈妈会带着怒气和烦躁的心情接着忙她的事情，而佳佳心里则更加委屈、难过，她可能会觉得妈妈一点儿都不理解她，甚至不爱她，还可能觉得自己很笨，再写也还是写不好，因为内心感到绝望，她可能放弃原先的努力，以后更不愿意做作业了。

其实，对于学龄期的孩子来说，写作业时遇到困难是再正常不过的事情。问题出在佳佳的妈妈身上。首先，作为家长，我们不能想当然地认为作业不多，也不难，孩子没做好一定是他不用心、不努力。我们比孩子大几十岁，我们认为很容易的事情在孩子来说是有挑战的。因此，家长应该学习从孩子的视角去看待他面对的任务，去理解孩子的感受。另外，我们与孩子谈话的目的是帮助他发现自己的长处，鼓舞他的力量，从而更好地解决问题，并从中受益，而不是发泄自己的怒气，或者证明他有多差劲。佳佳的妈妈因孩子作业做得不好而生气本来属于正常的情绪反应，但接下来她可以选择是任由这种负面情绪来决定自己的行为，还是根据爱的原则来与孩子谈话。选择前者的结果是加重了孩子的挫败感与自卑感，破坏了亲子关系，这不是一个好的选择。因此，在话未出口的时候，佳佳妈妈可以在自己头脑中按下一个暂停键，不让负面情绪支配自己的反应、不让消极的、伤人的话出口，让自己冷静下来、站在孩子的角度重新审视问题。然后把孩子搂过来，给她擦擦眼泪，用放松的、鼓励的口吻说："今天的作业是不少，你已经做完了这么多，真是不容易。这几个字写得挺好，我特别喜欢。这个字有点儿难，你看这么写会不会好一些（做个示范）？涂黑了是因为你在反复练习，别往心里去，没关系的。你再试试，写成什么样都不要紧，我知道你会越写越好。"佳佳妈妈发现，当她这样说完以后，自己已经完全不生气了，而佳佳的内心也被妈妈的爱和信任装得满满的。这样的谈话鼓励了佳佳的主动性和自信心，强化了她"通过努力争取更好"的行为习惯，同时，也增进了亲子之间的亲密关系。

学龄期的孩子面临着越来越多的学习任务、作业负担、升学压力，一方面，家长们看着孩子小小年纪每天那么辛苦，会心疼孩子，另一方面，也常常为孩子着急、担心，特别是当孩子成绩不够理想的时候，干脆把能报的补习班都给孩子报上，牛不吃草强按头，无论如何也要把孩子逼成"好学生"。有位家长朋友在孩子生日的时候问孩子想要什么，孩子说："妈妈，我什么也不想要，如果能把奥数班和物理班去了，我就知足了。"看看我们把孩子逼得已经会做人生的减法了。作为家长，我们都希望孩子勤奋好学、锲而不舍，恨不得孩子的学习机器能够自带马达、自行运转，然而理想很丰满、现实很骨感，每每看到自己的孩子，就会觉得自己的孩子简直就是个反面典型：快考试了，还在玩游戏；学习不得要领；出工不出力；没有毅力、没有恒心、自制力差……其实，品质的培养不在一朝一夕，不是一蹴而就的，它有一个渐进的过程。在这个过程中，家长对孩子应该有一个合理的预期。如果预期过高，不管孩子怎样努力也达不到，孩子则会选择放弃和退缩，正所谓"欲速则不达"。要培养孩子勤奋的品质、使孩子充分发挥潜能、成为最好一个版本的自己，离不开家长无条件的爱：当孩子遇到困难的时候，你能站在他的角度看待问题，因而能理解他的境遇；当他因挫折而灰心的时候，你用鼓励的话语帮他长志气；当他做得不够好的时候，你认可他的努力，相信他会做得更好。总之，你的一言一行都在告诉他，你对他有信心。而且，更重要的是，不管他做得如何，他都是你最钟爱的宝贝，这一点永远不会改变。

（五）青少年期：12～18 岁

这个时期的发展危机是"自我认同"亦或"角色混乱"（Identity vs. Role Confusion）。这是从儿童到成年的过渡时期，是一个非常重要的发展阶段。孩子开始考虑他们到底是什么样的人，将来要做什么事情，以及作为成年人他们将在社会中扮演什么样的角色等问题。他们通过尝试不同的活动、事物来探索各种可能性，直至发展形成整合、统一的自我认同感，形成并接纳对自己的性别角色、职业倾向、人际关系等方面的认识。如果没能顺利完成这一任务，则会导致角色混乱，即他们不知道自己将成为什么样的人，以及在社会中将处于什么位置，他们可能变得退缩，渐渐疏离朋友、家人，也可能迷失在人群当中，找不到自己的定位，浑浑噩噩地混日子。自我认同感的确立是一个漫长的过程，从幼年到成年，人们一直在寻求"我是谁"，只不过在青少年期，孩子怀着强烈的意识和愿望，主动探索答案，而这个探索过程同样离不开家长的支持与配合。作为家长，我们需要了解青少年成长发展中的重要特点，从而更好地辅助他们。

青少年经历着身心的巨大变化，看得见的身体变化许多书里都会写到，这里就不再重复了，让我们重点谈谈看不见的大脑的变化及其对心理发展的影响。近年来有一门新兴的学科叫作发展社会神经科学（developmental social neuroscience），专门研究人的发展、脑及社会情绪过程之间的关系。研究发现，青少年期大脑的结构性变化主要表现在三个方面（Giedd 等，2012）。其一是胼胝体的变化。胼胝体是一大束神经纤维，连接着大脑的左右两半球。青少年期，胼胝体增厚，使得青少年能够更加有效地加工信息。与儿童相比，青少年的学习能力大大增强了，在如今这样一个信息爆炸的时代，青少年所拥有的信息量之大往往令成年人自叹不如，他们也常常因此觉得自己无所不知，而父母的知识早就过时了。其二是前额叶的变化。前额叶是负责推理、决策、自我控制等高级认知活动的，它是发展较晚的一个区域，前额叶神经元的髓鞘化过程要到 18~25 岁才渐渐完成（髓鞘化即指在神经元的轴突外面包裹一层磷脂，使得神经传导更为迅速、有效），也就是说，在青少年期，前额叶尚未发展成熟，孩子的管理、控制能力尚未充分发展，因此他们往往会有冲动、冒险的倾向。其三是杏仁核的变化。杏仁核是大脑边缘系统的一部分，是掌管情绪的，它的成熟比前额叶要早很多。与之相应，青少年所体验到的情绪的强度远高于成人和儿童，不管是积极情绪，比如高兴、兴奋，还是消极情绪，比如愤怒、伤心，对青少年来说，来得都更为猛烈，一声朋友的问候可能让他们高兴一整天，输掉一场球赛对他们来说可能如同世界末日。同时，青少年管理、控制情绪的能力则相对较弱，尤其是对负面情绪缺乏调节控制。当孩子的怒气如同疾风暴雨扑面而来的时候，父母的日子可就不好过了。大脑的发展也影响着青少年的思维以及行为决策。与儿童相比，青少年的思维更加抽象、有逻辑性。如果跟他们辩论，父母很难赢得了。同时，他们的思维也有着明显的局限性，比如他们的思维带有理想主义倾向，往往不考虑现实条件的限制；他们的思维带有两极化倾向，看待事物时经常是非对即错、非黑即白、容易走极端、钻牛角尖，容易把人或事对立起来；另外，他们的思维是非常自我中心的，很难站在别人的角度考虑问题，他们觉得自己站在舞台的中心，别人都在看着自己，自己是与众不同的，没有人能真正理解自己，他们很容易沉浸在自己的幻想当中；他们的思维容易受到负面情绪的干扰，而他们对这一点往往缺乏认识，在暴怒或极度难过的时候容易做出让自己事后后悔的冲动行为，他们也更倾向于尝试有风险的行为（如抽烟、酗酒、违法行为等），而低估这些行为的不良后果（Mascalo等，2010；Labouvie-vief 等，2010；Elkind, 1978）。

可以想见，和这样一个人相处会是怎样一种感觉啊。很多父母发现，不知从哪天开始，那个乖乖的、终日缠着自己的小孩子不见了，眼前这个孩子比自己还要高大强壮，他的情绪大起大落，动辄大喊大叫、不通情理。以前养成的好习惯仿佛一夜之间作废了，衣服开始乱扔，做作业不再是放学回来的第一件事，嘴里开始说出不尊敬的话……以前的沟通方式也不再适用，你好心的提醒，被他看作唠叨；你伸出援助之手，他不但不感激，还觉得你在添乱、在烦他；你教训他几句，则好像捅了马蜂窝，引来狂轰滥炸……当孩子幼小的时候，你更多感觉到的是身体的疲劳，而现在你才开始明白什么是累心，你才开始醒悟，难道这就是传说中的"青春期叛逆"？你可能会觉得自己特别失败，怎么把孩子教育成这个样子。你可能会觉得内心受到伤害，孩子怎么会说出这么伤人的话。

　　当然，并不是所有的青少年都这样让人头疼，有些孩子天性开朗、温和、积极乐观，加上成长于充满爱与温情的环境当中，他们的青少年期则会相对平稳，他们富有责任心、自信、勤奋好学、尊敬长辈、与人为善。如果你家的孩子正是如此，那么恭喜你，这说明你与孩子交往的方式是适当的，孩子走在一个好的发展轨道上，而你已经提前进入了为人父母的红利期，可以尽情享受孩子带给你的甘甜和荣耀。但是，如果你像我、像千千万万的父母一样，如前文所说的那样为孩子操心，那么也要恭喜你。因为你正面临着一个提升自己的绝好的机会。做一个更好的父母在本质上其实就是做一个更好的人，它要求我们有更加成熟、完善的人格、更有责任心、更加宽容、更擅于理解别人、更擅于与人沟通等。与他人的交往可以促使我们反思自己人格上的不足，从而有所改进。与朋友、同事、领导、爱人相比，孩子能够带给我们的反思和成长往往是最多的。因为我们与其他人交往时，如果发生不愉快或出现问题，你总可以找借口："有问题的不是我，问题出在对方身上，应该改变的是他"，或者"他先改了我再改"；我们总可以逃避，比如躲着不见对方，或者换个工作，甚至换个爱人，总之可以对自己的毛病视而不见。殊不知，很多问题与自己人格上的不足有关，如果不改进，即便换了环境，换了交往对象，同样的问题还是会出现。与孩子交往就不同了，我们是无处可逃的。对于孩子，我们不能避而不见，也无处退换，只有硬着头皮直面问题。孩子就像一面镜子，从他们的一言一行中总可以看到我们自己的影子。尤其是在青少年期，这面镜子格外敏锐，全方位地照着我们。如果能抓住这个机会，与青少年期的孩子相处的这几年有可能是我们人生中个人成长最多的几年。要知道，孩子所表现出来的种种让人头疼的"叛逆"其实是他身心发展中一个必经的阶段。就像3岁的孩子会把牛奶碰洒，6岁的孩子会把我们认为很简单的数学题做错，我们知道那不是孩子在故意捣乱，也不是因为他们太笨，那只是孩子在那个年龄阶段正常的表现，我们需要以爱的方式来应对，同样，13岁的孩子为一点儿"小事"情绪失控的时候，我们应该知道他们不是不想控制情绪，而是情绪调控能力尚未发展完善，我们也需要以爱的方式来应对。孩子强硬的外表下往往有一颗特别敏感的心，他们内心深处渴望父母的爱与关怀，渴望父母的认可和对他们的信心，他们越不可爱的时候越是最需要爱的时候。另外，他们所反叛的不仅是家长和权威，也是童年时代的自己。常言道"不破不立"。在青少年期，孩子们将重新审视过去，打破内心原有的秩序和规则——那些家长帮助他们建立起来的规则，探索各种可能性，从而逐渐建立起属于自己的、独特的人格结构。家长可能会担心，"我以前付出的爱、帮他们养成的好习惯岂不都白费了？"不会白费的，父母付出的爱是他们成长的动力，是当他们面临压力、诱惑时仍能不偏离好的轨道的牵引力。

父母帮他们养成的习惯最终将内化、整合为他们行为方式的一部分，"父母的规则"将转变为他们内心"自己的规则"。

因此，作为青少年的父母，一方面，我们需要调整自己的定位，不能再像孩子小时候那样总是发号施令。孩子需要更大的个人空间，他们需要自己做决策，自己管理日常生活中的事物。尽管他们做得可能不尽如人意，但只要还在安全、健康的警戒线内，我们不必太多干涉，要容忍他们的"脏、乱、差"。很多时候，他们只是在尝试不同的可能性，渐渐地，他们会找到适合自己的生活方式。我们的角色则更像是顾问，在他们需要的时候，提供咨询、意见和帮助，不需要的时候不要打搅他们。另一方面，也要让孩子明确地知道，更多的自由意味着更多的责任，当他自己做决策的时候，也需要自己承担后果。从后果当中，他们将学到什么样的决策是明智的，什么样的决策会带来麻烦。再有，我们应该知道，我们其实没有能力强迫孩子去做我们想让他做的事情。我们所能控制的是自己和自己创造的环境。比如，我们不能控制孩子不犯错，但能控制自己在孩子犯错的时候仍能用爱的方式而不是错误的方式对待他们。只有爱的方式才能帮助孩子走出困境，错误的方式只能使情况越来越糟。因此，不论孩子说出多么伤人的话、做出多么糟糕的事情，我们都应该选择不放弃希望，并清楚地让孩子知道，"不管发生什么，我对你的爱都不会改变。不管遇到什么样的问题或困难，我将和你共同面对，我会陪着你走过来。"以爱为支撑的、亲密的亲子关系有助于孩子顺利地走过这段跌宕起伏的岁月，为他们以后的人生之路打下坚实的基础。

以上我们讲述了从婴儿期到青少年期孩子的心理发展特

点，以及在各个阶段父母之爱的具体表现方式。受篇幅的限制，这里不再讨论孩子长大成人以后与父母的交往，但即便对于成年人，来自父母的无条件的爱仍然是温暖与力量的源泉。作为父母，我们都希望孩子自信、乐观、积极向上、有安全感，而这些品质从来不是"教"出来的，而是在爱的环境中"养"出来的。因此，对于父母来说，最重要的任务莫过于给予孩子无条件的爱，除此之外，也没有什么更高的要求了。

第四章

生活中爱的功课

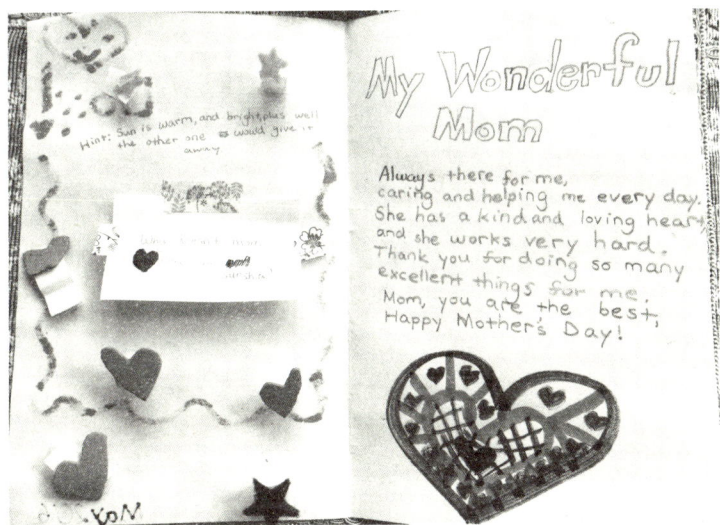

My Wonderful Mom

Always there for me,
caring and helping me every day.
She has a kind and loving heart
and she works very hard.
Thank you for doing so many
excellent things for me.
Mom, you are the best,
Happy Mother's Day!

Hint: Sun is warm, and bright, plus well
the other one would give it

（Norina Zhang）

　　在每一天的生活中，无条件地爱孩子并不是件容易做到的事。有人说，"爱能战胜一切"，但事实并不这么简单。我们都曾有这样的经历，在商场里孩子当众哭闹着让你给他买玩具的时候、孩子没有做作业却骗你已经做了的时候、孩子在学校里遇到不痛快的事情回来冲你大发脾气的时候，你能克制自己的冲动并以爱的方式去对待他们是多么的难。爱需要不断地学习和操练。相声演员常说："说相声讲究四门功课，说、学、逗、唱。"同样，爱也有几门功课，常常温习、演练有助于我们更好地掌握爱这门艺术，并在与孩子相处的时候能够得心应手地运用。

（一）接纳而非拒绝

无条件的爱是要使你爱的对象感受到，不管他处于什么境遇、有什么样的表现，你都能够接纳他而不是拒绝他、否定他或排斥他。很多家长的心中都有一个理想的孩子的模子，这个模子有时也被称作"人家的孩子"，他们习惯拿自己的孩子和人家的孩子作比较，当孩子与理想不符时，家长内心对孩子是不接纳的。比如，几个家庭一起聚餐，一个3岁的孩子吃饭很慢，家长会说："人家都吃完了，就你还磨蹭"；一个一年级的孩子考试得了95分，家长会说："怎么人家都能考100，就你考95啊"；一个5岁的孩子难过得哭了起来，家长会说："有什么可哭的，为这么点儿事儿至于吗？"很多孩子就是这样在家长的否定声中长大的，他们会觉得在家长眼里，自己永远不够好，比不上人家的孩子，永远做得不对，甚至连伤心、痛苦、生气都是错的，都是不合理、不应该的。一个接纳的家长懂得每个孩子都是不同的，有着自己独特的发展时间表，有各自的强项和弱项，不必要求孩子事事都做得那么理想，更不能拿自己孩子的弱项去和别人的强项比，他会鼓励孩子做得好的地方，并且用正向的语言表达自己的期望。一个接纳的家长明白孩子有理由、有权利体验和表达自己的情感，他认可孩子的情感表达，并且及时地给予孩子同情之接纳、理解之关怀。比如，对那个

3 岁的孩子，可以这样说："今天宝宝是自己拿勺子吃的饭，吃得真好。别着急，我们慢慢吃。"对那个一年级的孩子，可以这样说："这些题做得很棒，特别是这一道，你是怎么想出来的？……这道算错的题现在会了吗？"对那个 5 岁的孩子，可以把他搂在怀里，说："看来你是遇到什么特别让你难受的事了，跟妈妈说说好吗？"当家长用接纳的、积极的、信任的口吻和孩子说话时，孩子的心是踏实的、放松的，这样有助于他们建立安全感和自信心。

（二）理解而非评判

通常我们习惯于从自己的视角看问题，而无条件的爱要求我们设身处地地感受、理解他人的想法或情感，而不是在还没有理解的时候就已经给对方下了是非、好坏、有用没用的判断。这一点与上面谈到的"接纳而非拒绝"是联系在一起的。当我们不能真正理解孩子的时候，往往会拒绝或否定他们的想法或情感。比如，当一个小孩子摔倒了，哭起来的时候，家长可能会说，"哭什么呀，这么娇气，不就破了点儿皮吗？"又如，当孩子的玩具坏了感到难过的时候，家长可能会说，"谁让你不小心给弄坏了，再说就这么点儿事，有什么可难过的，别耍脾气了。"当家长这么说话的时候，他们没有理解、接纳孩子的真实感受，却已经下了判断："娇气""不小心""耍脾气"，而孩子感受到的则是被评判、被拒绝和被否定。长此下去，孩子会觉得家长不理解他们，因而渐渐不愿再向家长敞开心扉。擅于理解孩子的家长则会有意识地站在孩子的立场上考虑问题，会对那个摔倒的小孩，可以轻轻扶起他，说："摔疼了是吧，来，试试看，你能走路吗？我们去找一个创可贴贴上，好不好？"对那个玩具坏了的孩子，可以抚着他的背说："妈妈知道玩具坏了你很难过，咱们一起看看有什么办法可以修理，好吗？"家长这样说首先是在表示理解、同情孩子的处境，然后给出建议，或者尝试解决问题。这样，孩子明白家长和他们是同一战线的，家长是可以信任、可以沟通的。亲子之间沟通渠道的畅通非常重要，而这是以家长主动去理解、接纳孩子为前提的。

（三）宽容而非刻薄

俗话说"严于律己，宽以待人"，这句话也适用于对待孩子。有些家长有完美主义倾向，他们在严格要求自己的同时，对孩子也过于苛求，他们似乎总在用一把刻度精准的尺子衡量孩子的表现，不愿接受丝毫偏差。他们见不得孩子出错，见不得孩子浪费时间，恨不得孩子如同全力奔跑在一条笔直的跑道上的运动员，不要走一点儿冤枉路才好。假如你是这样的家长，那么请你先把焦灼的心放下，不要这么逼迫自己，更不要这么逼迫孩子，因为人生的风景全在路上，以最快的速度跑到人生的终点并不值得追求。当家长过于看重效率的时候，他的紧张、焦虑会传递给孩子。长期的紧张、压力一方面影响孩子的免疫力，对于身体健康不利，另一方面也会降低孩子内在的兴趣和动机，从而影响他的表现。因此，家长对于孩子的一次考试成绩、一场钢琴表演、一幅绘画作品、一次篮球比赛等，没有必要过于挑剔。很多时候，孩子并不需要从家长那里得到专业的评价，他会从老师那里得到反馈，会与同学比较，他们内心对自己的表现也有数，他们更想从父母那里得到鼓励和安慰，从而感受到自己是有能力、有价值的，父母是在乎自己的。因此，该夸奖孩子的时候就放手去夸奖，把夸奖之后的"但是"咽到肚子里去吧。

（四）谦卑而非骄傲

人人皆有骄傲之心，而骄傲是人最大的敌人。特别是当孩子幼小、体力、智力都不及我们的时候，骄傲最容易挡在我们面前，使我们居高临下地看待孩子，因而无法真正做到尊重和理解孩子。我们习惯于发号施令，因为我们最知道在什么时间该做什么事情；我们没耐心听孩子说话，因为我们很忙，而他们的想法没那么重要；如果孩子犯了错误，我们会冲他们发脾气、用刻薄的语言贬损他们，让他们知道自己有多差劲；如果孩子的选择和我们期望的不一样，我们会觉得他们是在犯傻，因为我们过的桥比他们走的路还多……很多家庭的光景就是如此，多少烦恼、纷争、眼泪也都是由此而来。人最骄傲的时候也就是最愚蠢的时候。无条件的爱要求我们把心谦卑下来。面对茫茫宇宙和大千世界，我们比孩子多有的那几十年生活经验实在算不得什么骄傲的资本。当我们心存谦卑的时候，我们会看到自己的局限性。二十年后最热门的技术或职业现在可能还没有出现呢，在这一刻，应该多做几道数学题，还是随意画一会儿画，或者在外面跟小朋友跑一跑，怎样对孩子的发展是最好的，我们并不知道。因此，我们需要静下心来听听孩子的声音，并且告诉他，他内心的想法很重要；随着孩子长大，给他越来越多的机会去做选择，相信他有能力做出好的选择；即便孩子犯了错误，也不要让伤人的话出口，而要以宽容之心原谅他，并且让他知道，你不会计较他的错，因为在你心里，他比那些"错误"重要得多。永远不要在孩子表现最差的那一刻来评判他，谁都有不堪的时候，不要因为那些不堪轻视孩子，更不能因此对孩子失去信心。

当我们心存谦卑的时候，我们也才可以真正做到尊重孩子。尊重不是百依百顺、要星星不给月亮，那是溺爱孩子；也不是满口的恭维，那是取悦、讨好孩子。孩子不是我们梦想的寄托者，不是用来炫耀、攀比的，也不是我们的附属品，或者出气筒，他们和我们一样，都是独立的、成长中的人。我们在生活中怎样以尊重的方式对待别人或者希望别人如何以尊重的方式对待自己，我们也要如此对待孩子。比如，没有人希望自己的老板挖苦、斥责自己（尤其是当着其他同事的面），那么我们也不能在大庭广众之下批评、贬损孩子；当我们没有把工作做好，别人指责我们不努力、不用心的时候，我们会感到委屈，同样，我们也不能想当然地认为孩子把那么"简单"的题做错了，是因为不努力、不用心。我们需要知道，每个孩子都有各自的特点，有各自的成长时间表，不能动不动就把孩子当作骡子或者马一样拉出来溜溜。尊重孩子还要求我们把孩子当回事，认真对待他们说的话，把他们看作真正的交流对象。我大女儿7岁的时候，有一次我和她聊天，谈到我特别羡慕会画画的人，而我自己就画不好。结果女儿在睡觉前往我的床上留了一封信。

女儿写道："妈妈，你好！我有些东西给你画！记得微笑！"
她设计了5个难度水平不同的小练习供我学画。那天晚上，我看
到孩子的信和画的时候已经是11点多了，手边还有一大堆等着要
处理的事情。可我明白孩子的心思，她认真地看待我说过的话，
而且还在积极地想办法帮助我。我就是有再多的事情，也不能辜
负孩子的心。下面是我完成的作业，第二天拿给孩子看时，她可
高兴了。

另外，我们都不是天生就会做父母的，不管怎样努力，我
们都有把事情搞砸的时候。我们可能没有管住自己，发了脾
气，可能不小心伤了孩子的自尊。每当这样的情况出现，我们

最应该做的事情就是跟孩子道歉，请求他原谅自己。低头认错是件非常困难的事情，尤其是在孩子面前，一句"对不起"仿佛要把我们虚荣的自我榨干一样。但正如 C. S. Lewis 所说："脾气使我们陷入困境，骄傲使我们滞留其中"（"Temper gets us into problems. And pride keeps us there."），我们只有放下骄傲，才可能与孩子之间建立亲密的、没有阻碍的关系，而这种关系将带着我们走过生活中困难的时刻，直到柳暗花明。

（五）参与而非操控

在一个访谈节目中，一位著名的主持人说起她家里的一件事情：暑假要开始了，这位主持人把一张时间表拿给儿子，说，"你看，妈妈把你暑假的活动都安排好了。"那个孩子说，"妈妈，你是不是把我的一生都安排好了？"孩子的话带给主持人很多思考，也给我这个电视观众留下了深刻的印象。我们作为家长，出于好心和对孩子负责任的态度，为孩子打理各种事情，精心地做各种计划、安排，从吃饭、穿衣到上辅导班、夏令营，我们尽可能地考虑周全、安排妥帖，生怕没有做到最好。我们花了很多时间，费了很多脑筋，可却忘了一件事情，孩子才是他成长的主体，我们只是他成长过程的参与者，而不是操控者。很多家长容易犯的一个毛病就是作家长做过了头（overparenting），这种家长也被称作"直升飞机式"的家长（helicopter parenting），他们就像直升飞机一样总是盘旋在孩子头顶，他们对孩子过度关注、过度卷入孩子的生活，承担了过多的责任，对孩子过度控制、过度保护，以过于完美主义的方式要求孩子。

给大家举一个比较极端的例子。有一次在从北京到纽约的飞机上，与我座位相邻有两对来自国内的老夫妻，攀谈起来才知道他们是亲家，是一起到美国看望他们的儿女的。他们是同事也是邻居，一家有一个独生子，另一家有一个独生女，在大人们的撮合下，这两个孩子恋爱、结婚，大人出钱送他们到美国同一座城市读书，又出钱给他们买好了房子。大人们此行有一个重大使命，那位男孩儿的妈妈对我说，"就是让儿媳妇怀孕，我们要待3个月，希望她在这段时间怀上孩子，这样我们下次再来的时候就能帮着带孙子了。"老人从包里拿出一样东西，接着说，"你看，我连测怀孕的试纸都买好了，你说，儿媳妇能听我的话用这个吗？"我真是无言以对，心里暗自说，你们四个大人八只眼睛盯着，这一对年轻人压力山大，能怀上孩子吗？你们是把他们当成自己的孩子呢，还是当成实验室里养的小白鼠？

成为直升飞机式家长的原因很多。有的是因为自己童年时代受到的关注不够多，想通过关注孩子弥补自己的失落；有的是因为自己经历过挫折，不愿再让孩子走弯路；有的是因为自己过度焦虑，对孩子有太多的担心，见不得孩子失败、伤心……殊不知生活中的困境、挫折都是很好的老师，这些历练有助于孩子学习重要的生活技能、锻炼判断和决策的能力。如果家长事无巨细地包办代替那些本来应该由孩子自己做的事情，甚至用侵入式的（intrusive）方式干涉、控制孩子的生活，对孩子的发展将产生许多不良影响。首先，这样的家长传递给孩子的信息是，"我不相信你能自己把这件事办好"。长此以往，将影响孩子建立自信心，使孩子更容易焦虑、抑郁。另外，由于家长剥夺了孩子锻炼、体验的机会，孩子的生活技能、应对能力、抗压、抗挫折的能力也得不到充分的发展。还有些孩子过惯了衣来伸手、饭来张口的日子，会觉得他们得到的一切都是理所应当的，缺乏感恩之心，同时，他们也缺乏独立性，过度依赖家长。因此，作为家长，我们关心孩子本没有错，但不能做过了头，应该放手让孩子去做那些他们力所能及的事情，让他们去体验成功和失败，让他们去经历欢乐与痛苦。这样，他们才能成长，他们将不再抱怨"有一种冷叫你妈觉得你冷"，因为他们知道什么是真的冷，而且知道冷了该怎么办。

（六）温情与约束并重

无条件的爱并非一味娇宠、纵容、百依百顺。有些家长觉得，让孩子自由地成长、充分发展天性有助于培养他们的创造力和自信心，因此不管孩子要什么都尽量满足，孩子想怎样就怎样，从来不加以约束和要求，这种教养方式被称作溺爱型或放任型（permissive parenting）。但实际情况是，这样养大的孩子通常不懂得尊敬别人，也不擅于控制自己的行为，他们比较自我中心，依赖性强，喜欢支配别人，不擅于与人交往，很难与他人建立良好的关系。另外一些家长相信"棍棒底下出孝子"，希望通过严格要求来培养孩子的良好品质，因此，他们为孩子设置了许多严格的规定，并以严厉、强硬的方式要求孩子遵守，当孩子违反规定的时候，他们更多通过打骂、威胁来管教孩子，而很少说理、解释。总体来说，亲子之间的交流是生硬、冰冷、缺少温情的，这样的教养方式被称作专制型（authoritarian parenting）。以这种方式带大的孩子最明显的特点就是不开心，他们少有发自内心的愉悦，容易陷入愤怒、压抑、难过的心境，他们不擅于与人交往，对人生硬、苛刻，男孩子更容易表现出攻击性，女孩子更容易过度依赖别人，这些孩子通常不被同学喜欢，自我感觉也不好，在学校里容易适应不良。以上两种教养方式中，放任型的问题是只提供给孩子温情，但约束控制不足，专制型的问题是约束控制过了头，但温情不足。然而这两种方式仍然不是最差的，最糟糕的教养方式是既没有温情，也没有约束，家长对孩子漠不关心，亲子之间没有紧密的情感联系，家长我行我素，没有把孩子的需求和发展放在心上，这种教养方式被称作忽视型或疏离型（neglectful parenting）。疏离型的家长其实没有承担为人父母的责任，他们的孩子最容易出现发展问题，比如自我感觉不良，不成熟，独立性差，社会能力不足，缺乏自我控制，与家庭疏远等，到青少年期，这样的孩子容易出现逃学、旷课、从事不法行为等问题。研究发现，最为有效的家长风格一方面需要让孩子感受到温暖、接纳，明白孩子的所求所想；另一方面也需要通过良好的沟通对孩子提出合理的期望和要求，提供反馈或监控，这样的教养方式被称作权威型（authoritarian parenting）。一般来说，这样养大的孩子比较活泼乐观、独立性强、有自信心、擅于应对有压力的情境、擅于与人交往、与朋友、长辈保持良好的关系，他们也更容易在学业上、事业上取得成就，较少经历抑郁和焦虑，较少出现反社会行为（Baumrind, 1973; Collins 等，

2006; Dodge 等，2006）。可见，温情与约束并重对于孩子的健康成长是非常重要的。

　　家长应该让孩子明白，来自父母的爱是无条件的，不管孩子是否漂亮、是否聪明、是否能干，也不管他是否做错了什么事情，父母都一样地爱他，不会改变；而孩子所拥有的自由或者"特权"是有条件的。就像一个人如果想自由地开车，他需要先考到驾照，并且在开车的时候遵守交通规则一样，一个 3 岁的孩子如果想玩自己的玩具，他需要在每次玩过之后把玩具收拾好；一个 9 岁的孩子如果想看电视，需要先把作业做完；一个 14 岁的孩子如果想去朋友家里玩，需要先把自己该做的家务做好等。自由与责任总是连在一起的，自由越多意味着责任越多，孩子需要为他们自己的行为负责任，需要自己承担后果。

　　以上讲述了爱的几门功课。爱不是件容易的事，它是我们对孩子一生的承诺，是我们主动的选择。从成为父母的那一刻起，我们选择为孩子付出时间、精力，尽最大的努力去倾听他们、理解他们，关心他们的喜怒哀乐，不计较他们的错，在他们最糟糕的时候仍然坚持用对的方式对待他们，在他们最不可爱的时候仍然爱他们。也许有人会说，既然爱是这样一件辛苦的事，为什么还要自讨苦吃呢？因为既然选择为人父母，我们别无它路。只有通过爱才能建立信任、安全、亲密的亲子关系，离了这种关系，家庭教育则无从谈起。同时，爱也是一件奇妙的事，我们在付出爱的时候也收获爱，而正是在这种付出和收获的过程中，我们将得到为人父母所能得到的最大的满足，也将最大程度地实现自我价值。

　　学而时习之，不亦乐乎。常常温习、演练爱的功课将帮助我们成为更好的父母，帮助我们的家庭成为更加温暖幸福的家庭。列夫·托尔斯泰说，"幸福的家庭都是相似的，不幸的家庭各有各的不幸"，其道理即在于此：幸福的家庭必是以爱为主旋律的。

第五章

爱的榜样：父亲、母亲

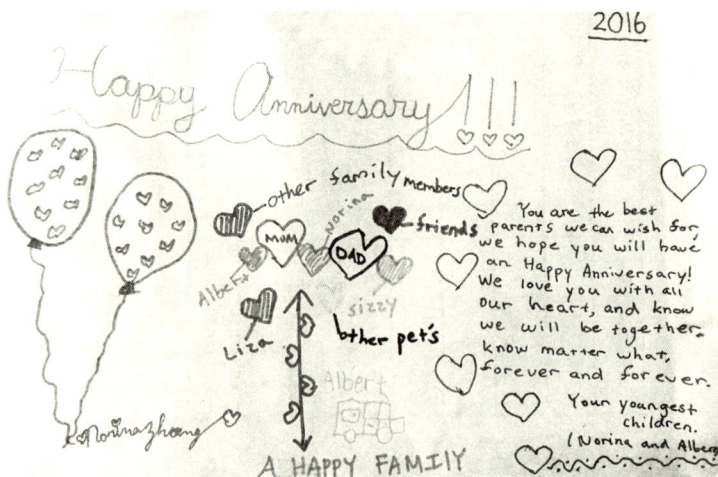

（Norina Zhang）

接着家庭的话题，这一章主要谈谈家庭中夫妻之间的相处方式及其对孩子的影响。也许有的朋友会觉得奇怪，这不是一本教养孩子的书吗？怎么讲起夫妻相处之道来了？不错，这是一本关于家庭教育与儿童教养的书，你没有走错门。之所以要专门讨论这个主题，主要有两个原因。

第一，我们在前面讲到，家庭教育的基石是来自父母的无条件的爱。而无条件的爱的原则不仅适用于亲子之间的交往，也适用于其他家庭成员之间，特别是夫妻之间的交往。事实上，夫妻之间是如何相处的往往能够折射出亲子之间的交往模式。如果一个妻子动辄对丈夫指手划脚、呼来喝去，或者没完没了地唠叨、抱怨、挑毛拣刺，很难想见她能够以尊重的、鼓励的、宽容的方式和孩子交流。如果一个丈夫终日忙于自己的事情，从来记不住妻子的生日，对妻子的兴趣、爱好、情感需要不闻不问，刀架在脖子上也说不出"我爱你"这三个字，很难想见他能够与孩子心意相通，接纳、理解孩子，或者在孩子面前毫不吝惜赞美之词。夫妻之间的交流模式决定着家庭气氛的基本色调。当夫妻之间恩恩爱爱、相互尊重、相互欣赏、相互理解的时候，家庭气氛通常是轻松、和美、温馨、从容的；当夫妻之间动辄言语相加、争吵不休、相互贬损、各不相让甚至大打出手的时候，家庭就成了战场，成了彰显霸道、相互压制的地方；当夫妻之间陷入冷战，或者对彼此漠不关心、无视对方的存在，家庭则如同冰窖或监狱，只能让人心灰意冷和感到束缚。孩子对家庭气氛是特别敏感的，他们无时不在观察着爸爸、妈妈是如何相待的，并由此感受着什么是爱，人和人之间的关系是怎样的，自己正身处于一个怎样的世界。因此，夫妻之间的相处不只是他们两个人的事情，它对于孩子形成安全感和对周围环境的信任，以及如何与别人打交道等都有重要的影响。要想培养孩子某种品质，我们自己首先需要具备那个品质。要想让孩子在爱中成长，我们自己作为家长首先要活在爱中，以爱的方式彼此相待。

第二，在家庭中，最为核心、最为重要的关系就是夫妻关系。夫妻关系的质量直接影响着夫妻双方的身心健康和生活满意度。婚姻美满的人倾向于更健康、更长寿、更幸福（Proulx

等，2013），而不幸的婚姻可以使一个人的寿命平均缩短四年之久（Gove 等，1990）。此外，夫妻关系的质量也会影响到其他家庭关系的质量，比如亲子关系、兄弟姐妹之间的关系、与双方父母的关系等。有些家庭在有了孩子以后，孩子成了家庭的中心，所有的人都围着孩子转，夫妻之间缺乏交流，彼此的情感需求得不到关注，长此以往夫妻关系渐渐冷淡疏离，甚至产生隔阂。当家庭的根基不再稳固的时候，任何风吹草动都可能摧毁这个家庭，覆巢之下，每个家庭成员都会受到伤害，包括孩子。而夫妻恩爱和睦、在婚姻中得到充足的爱的滋润的时候，他们将更有力量把爱散播出去，以爱的方式去对待身边的亲人、朋友，包括更好地爱孩子。

总之，在家庭中，对于孩子来说，父亲母亲之间温馨和睦是对爱的最好诠释，既是为孩子树立的爱的榜样，同时也是亲子之爱的源泉。在这里，我并不想系统地、面面俱到地讨论婚姻家庭问题，只想谈谈夫妻相处方式中与孩子成长关系最为密切的几个方面。

（一）好好说话，以爱相待

有一次我去超市买菜，在排队交费的时候，有一对老夫妻排在我前面。两位老人大概六七十岁，一边随着队伍挪动脚步，一边"聊天"，或者说拌嘴。他们对话的内容无非是买的哪样东西不够新鲜或者太贵了、在哪里还没来得及仔细看看等琐事，可他们说话的语气真可谓针针见血、拳拳到肉，说话的内容更是以小见大，似乎总能从平常小事扯到人品、能力，每句话都能直击对方的灵魂、直至榨出皮袍下面藏着的"小"来。我在一旁真为这老两口捏把汗，他们这是要上法院闹离婚的节奏啊。看着他们交完了钱，拎着大包小包，继续加枪带棒地唠叨着渐渐远去的身影，我想，他们这么磕磕绊绊地过了几十年，倒也不至于买个菜就回去离婚，这不过是他们已经习惯了的一种表达方式，说不定他们在生活中谁也离不了谁，如果刚才他们说出的众多诅咒中不幸有一条实现了，一个人先行离去，另一个人反而会孤独、痛苦得不得了。像他们这种情形，在生活中并不少见，回想我们的亲戚、朋友、邻居或者自己的家里，大概不难看到类似的情景。在影视作品中，夫妻之间恶语相加也比比皆是，甚至连少儿节目中都经常可以看到妻子追着丈夫打、妈妈指着爸爸的鼻子训斥的情景。

百年修得同船渡，千年修得共枕眠。丈夫与妻子互称爱人，视对方为自己最亲近、最爱的人，但为什么有那么多人对口口声声中的"爱人"言语刻薄到了虐心的程度？为什么大家不能好好说话呢？有人也许会说："一家人之间干嘛要那么客气呢？和家里人说话的时候为什么不能随便一些呢？"其实，一家人之间随便一些本无可厚非，但随便不等同于挖苦、贬损、挑剔、刁难，夫妻之间加枪带棒的言语背后，通常都有一颗委屈、怨怼的心，归根结底还是因为爱的不够完全。结婚的誓词中说，"无论健康或疾病、富有或贫穷、顺境或逆境，你都愿意爱她（他），直至死亡将你们分开"这句话说起来容易，但真要落实到几十年婚姻中的每一天，特别是疾病、贫穷、逆境的那一部分，则是极具挑战性的。

这个挑战首先来自于我们自身，即我们的自我中心。对我们来说，站在自己的角度感受世界、看待问题远比站在别人的角度感受世界、看待问题要容易得多，自己的感受、需要比别人的感受、需要更容易引起我们的关注，我们总是期待别人能理解自己，却很少有意识地去理解别人。我们的心中似乎有一面魔镜，我们每天都要问它："谁是这个世界上最可爱的人啊？""谁的意见最正确啊？""我和爱人吵架的时候，谁有理啊？"魔镜总能给我们满意的回答："是你，是你，还是你"。而爱一个人要求我们摆脱自己原有的自我中心，也就是说，不是只想着自己需要什么、怎样对自己最合适、对方能为自己做什么或能给自己带来什么，而是要把对方的利益、兴趣、需求放在自己之前，能够设身处地地去理解对方的想法和情感，并且愿意为对方付出时间、努力，为对方牺牲。比如，一个丈夫忙了一天下班回到家，筋疲力尽，恨不得一头扎进自己的房间悠闲一会儿，但是他知道妻子也已经辛苦了一天，正渴望他的温存与安慰，他会不顾自己的疲劳走向妻子，给妻子一个拥抱，陪她聊几句天，或者搭把手一起做饭，或者陪孩子玩一会儿，让妻子能喘口气。再如，当妻子下班回到家，发现丈夫提前回来了，而且已经做好了饭菜，尽管他把厨房弄得一片狼藉，尽管他做的饭菜与自己原来的安排不一致，但妻子能管住自己的嘴巴，不让挑剔、埋怨的话出口，并且能够从丈夫的角度去理解他的考虑，感谢他为家庭的付出。当人们能这样做的时候，表明他们凭着爱的力量在与自我中心的较量中胜了一个回合。

另一方面的挑战来自对方。爱上一个可爱的人并不太难，当对方明媚鲜艳、志得意满的时候，我们也许不难把他的需要放在自己之前、为他付出、为他牺牲。可人难免会有不可爱的时候，当对方灰头土脸、牢骚满腹、失意落寞、病痛交加的时候，我们是否还有足够的力量去爱、去坚守自己的承诺呢？而且在别人面前，一个人或许还可以掩饰自己的缺点、毛病，但在朝夕相处的爱人面前，没有什么是可以藏得住的，我们将比其他人有更多的机会看到对方的不足和软弱。面对这些不足和软弱，我们很容易失望，或者指责对方，我们还会为此找出冠冕堂皇的理由——为你好、帮助你改正错误、帮助你进步。然而指责、挑剔从来不能真的帮助人提升，只会带来怨气和疏离。爱一个人，首先是接纳、包容，而不是改变对方。即便知道他的不足，即便他正陷于困境，即便他表现得一点儿都不可爱，仍然选择给他理解、温存，选择去做对他好的事情，选择以宽容、忍耐、智慧和开放的心和他一起寻求出路。举一个我自己家里的例子。我爱人有个习惯（也可以说是毛病），下班以后换衣服的时候，经常把衣服随手一丢，扔在床上或者椅子上，让房间显得很乱。我经常要帮他收拾，次数多了以后不胜其烦，我曾和他说过许多次，劝他把换下来的衣服放回衣柜，也曾为此赌气，不和他说话，但都没什么效果，他照样乱放，我照样生气，似乎这个问题是无解的。直到有一天，我转变了自己的想法，问题就迎刃而解了。与一般出国留学、就业的年轻人不同，我们当年出国的时候已经三十几岁，又带着孩子，所以没有重新读学位，我先生是凭着北京师范大学的博士学位拿到纽约州立大学的教职的，这意味着他在工作上付出了超乎寻常的努力。况且我们漂泊在外，远离父母亲人，只有我俩相依为命。他每天上班要承受多少压力、面临多少困难啊，我这个做妻子的在工作上帮不了他什么，但至少可以让他回家以后放松一些、随意一些。如果他觉得那样做放松，那就随他去。我帮他收拾衣服不过是举手之劳，如果这么做能带给他一点儿方便，那我做的事就是有意义的。当我这么想的时候，我就不再生气了。只要有空，我就会帮他收拾，没空的时候，就让衣服那么放着也无大碍。我再也没有为此唠叨过他，不是我刻意压制、委屈自己，而是这件事已经不再令我烦恼了。更有意思的是，他知道了我的想法，也越来越注意，开始自觉地把衣服放回衣柜了，尽管衣柜经常乱得没法看。总之，这个问题就这样化解了。这本是一件小事，无关人品、三观等重大人生主题，也不是举足轻重的家庭事务，但在没有解决的时候，却带给人无尽的烦恼、怨气，让人陷入困境或僵局。爱因斯坦说过，面对一道难题，如果站在与这道题相同的思维高度去分析，则永远也找不到答案，只有从更高水平的视角去分析才可能找到解决方法。夫妻相处也是这样，只有各自都从自己的一方小天地里走出来，站在更高的地方，看到更大、更完整的画面，才有可能走出困境。

还有一方面挑战来自周围的环境，来自日复一日的生活。夫妻相处日久，再热烈、澎湃的激情也会归为平淡，再宝贵、闪光的品质也容易让人视而不见，再细微、平常的小事也可能让人心生怨恨，更不要说还要面对父母的赡养、孩子的教育、与亲戚、朋友的相处、财产问题、健康问题……还有各种各样、或明或暗的危机、诱惑。难怪木心说："一生只够爱一个人"，因为认认真真地去爱一个人实在是件不容易的事。

爱是一件苦差事，劳心劳力，但爱也是我们最需要、最渴望的，是我们最深层的满足感和幸福感的源泉。在爱的道路上，有些人不愿意吃这个苦，试图走捷径，比如靠名利、容貌等去换取爱情，或者当婚姻、情感出现问题的时候索性结束这段关系、开始新的恋情，甚至"奇葩说"里有一期节目将"为婚姻加上七年的期限"做为辩题，提出婚姻到期之后，好则续约，不好则一拍两散。然而人们终究会发现，这些不是捷径，而是最大的弯路。名利、容貌换不来真正的爱情；如果不反思、改进自己的问题，新的恋情一样也会触礁；婚姻以七年为期，听起来很有诱惑力，或者很具娱乐性，但加了期限的婚姻必定不是以无条件的爱为基础的，而身处婚姻中的人自然也得不到由真正的爱才能带给人的幸福和满足。如果从一开始就知道对方并不真正爱你，而你也不真的爱对方，你会愿意和他步入婚姻吗？且不论别的，连那句婚誓都需要改成"无论健康或疾病、富有或贫穷、顺境或逆境，你都愿意爱他，直到'头七'"。不要说七年，这样的婚姻哪怕只有一天，对人都是束缚，对婚姻都是亵渎。幸福长久的婚姻靠的不是一时的激情，也没有什么捷径可以走，两个没有血缘关系的人走到一起建立家庭、合为一体、成为至亲的时候，唯有以完全的爱装备自己，时时保养顾惜两个人的关系：在每一天的生活中，要提醒自己去做建造对方的、有益的事，并且在建造对方的同时也提升自己；在沟通或做决策的时候，要想一想怎样说、怎样做是为着这个家好，是为着对方好；遇到分歧的时候，要多一份自制，不去做伤害对方的事，不去说伤害对方的话；时常称赞对方做对的事情，感谢他/她为家庭的付出。当然，人都有做傻事的时候，都可能有意、无意地伤害或冒犯别人，而且最深的伤害往往是来自最亲近的人。如果我们发现自己偏离了方向、做错了事情，则需要真诚地道歉，请求对方原谅，并尽快回到爱的轨道上来。如果是对方做了错事，我们要好好沟通，快快原谅。不要揪住对方的错不放，不要动不动就痛说革命家史、把对方多少年来对不住自己的地方统统回放一遍。因为只有在原谅对方的时候，我们才能使自己真正从痛苦和受伤中解脱出来，不再充当受害者的角色。而且，要知道，我们也曾伤害过对方，而对方也是这样原谅了我们。

　　总之，夫妻之间能否做到和颜悦色、好好说话，表面看是个行为方式、沟通方式的问题，但究其根本在于爱得是否完全。而夫妻之间的话语方式不仅影响着两个人的感情和生活质量，它还构成了孩子成长的心理语言环境和家庭氛围。在一个家庭中，当爸爸、妈妈动辄互相挖苦、贬损、为一点儿小事争执不休的时候，这两个人其实是在互相消减彼此的力量，他们在孩子心目中的形象同时受损。当爸爸妈妈亲亲热热、互相尊重、感恩彼此的付出的时候，孩子将从中感受到爱和安全感，而这种爱和安全感将支撑着他去探索自己的人生道路，将影响他如何看待周围世界，如何与别人相处，以及如何寻找、如何对待自己的另一半。所以，普天下的妈妈们，如果你将来不希望看到儿媳妇对着儿子指手划脚、大呼小叫，那么你现在就不要这样对待你的丈夫；同样，爸爸们，如果你将来不希望看到女婿对女儿冷言冷语、不理不睬，那么你现在就不要这样对待你的妻子。在这个纷纷扰扰的世间，有各种各样的事情在劳烦我们的身心，有时光在催促着我们老去，有各种灾难、意外避之唯恐不及，即便我们尽心相聚，相聚的时刻也是一天少似一天。因此，与爱人相伴的每一个日子都是宝贵的赐予，都是一去不返的。亲爱的朋友，珍惜眼前的人，珍惜每一个相伴的日子，让每一天的陪伴成为最长情的告白。

（二）夫妻同心，真诚交流

5 岁的兰兰弹钢琴的时候不停地出错，在一旁陪练的妈妈忍不住发起火来："你怎么回事，这么不专心，这么简单的曲子还出这么多错！重弹十次，弹不对别吃饭！"兰兰哭起来，本来在另一个房间的爸爸闻声赶过来，看到女儿哭得可怜，就对妈妈说："你喊什么，这不是刚学的曲子吗？"妈妈更生气了，冲着爸爸高声说："你知道什么？老师教了好几遍，她根本不认真听。你出去！"爸爸听了也来了气，"就你知道得多？你小时候弹过琴吗？你不知道孩子得一点一点学吗？"两个人越吵越厉害，孩子早就溜出房间，悄悄地给小朋友打电话："他们俩又吵起来了，让他们吵着，我先歇会儿。"

这样的场景是不是很熟悉呢？且不说这里的妈妈、爸爸教育孩子的方式是否得当，仅就他们当着孩子的面意见不一、争吵不休而言，就已经棋输一招。从小我们常听人说，作父母的总要有一个人唱白脸，另一个唱红脸，即父母两个人扮演不同的角色，严厉程度不一样。我并不十分认同这种做法。在生活中，每个人都有各自为人处世的风格，当然不必强求完全一样，但面对家庭教育中的一些基本问题，父亲和母亲应该达成共识，坚持同样的基本规则。在孩子面前，如果父母争执不休、互相贬损、互相拆台，则要么会让孩子不知所措、不知该听谁的，要么会让孩子找到可乘之机，从而使规则形同虚设。有的时候，父母中的一方表现出明显的弱势，比如，当孩子问妈妈能不能去某个地方玩儿，妈妈会说："等爸爸回来问爸爸吧，看爸爸怎么说。"或者当孩子哭闹的时候，妈妈说："等爸爸回来管你吧，我可管不了你。"这样做无异于告诉孩子，"在这个家里，爸爸说了算，我是没有能力做主、没有力量管教你的"。当家长在孩子面前权威扫地的时候，孩子会轻看家长，家长则无法给予孩子有力的支撑和引导。还有的时候，父母中的一方在背地里降低要求、拉拢、讨好、偏袒孩子，比如，妈妈说："这件事亏了是让我知道了，要是你爸知道麻烦就大了"，或者："可别告诉你爸，不然他非打断你的腿。"这种做法虽然可能暂时化解冲突或者让孩子和自己亲近一些，但长远来看，坏处非常明显，它不仅助长孩子违反规则、不承担责任，消解孩子的责任心、负疚感，还会疏远孩子与另一方家长的关系，降低孩子对父母双方的信任等。因此这些做法都是不可取的。父母应该养成良好的沟通习惯，就孩子的教育问题多讨论、多交流、达成共识，在孩子面前保持一致的态度和口径，互相尊重，互相支持，即便遇到分歧，也不要当着孩子的面大吵大闹，而是要尽量冷静，强调双方都同意的部分，事后再详细讨论。这样孩子自然会明白你们对于那些规则是认真的，没有漏洞可钻，没有软柿子可捏。

也许有些夫妻会说："我们不是不想交流，而是一说就急，说不了两句就吵起来了"。夫妻之间之所以容易发生争执，其根源还是在于每个人心中的骄傲。我们总是想证明自己是对的，自己比对方高明，我们不愿意承认对方的合理之处，我们因为咽不下一口气而坚持要把吵架进行到底，这种骄傲成为真诚交流的绊脚石。

还有些夫妻会说："能吵架倒好了，我们连架都没的吵，动不动就谁也不理谁"。冷战也是夫妻之间常见的一种不良交流方式。不少做妻子的有个习惯，就是绝不告诉你我心里是怎么想的、为什么生气、为什么难过，而是要你来猜，猜不出来就是不爱我。而这些妻子一定会发现她们的丈夫没有读心术这样的超能力，结果自然是一次次的失望、赌气和内耗。而做丈夫的也有个习惯，他们有时把事情放在心里，不愿意和人说，让妻子摸不着头脑。还是举个我自己家里的例子。有一次，我发现我先生一整天都闷闷不乐，吃晚饭的时候阴沉着脸也不说话，吃过饭后他自己出门去了，也不告诉我去哪儿了，过了很久才回来，回来之后仍然不理我。我整晚辗转反侧睡不着觉，从工作压力到外遇，设想了无数种可能，到天亮的时候，基本上已经打算跟他谈离婚的事情了。可他一觉醒来，好像什么都没发生，又和往常一样准备早饭、上班。我实在忍不住了，一边流着眼泪一边问他昨天是怎么回事，他说："你想到哪儿去了，昨天是老爹的忌日，我心里难受，晚上出去是祭拜他去了。"我听了以后气不打一处来，埋怨他为什么不早告诉我呢？我可以安慰他，和他一起祭拜呀，结果害得我一宿没睡、胡思乱想。

此外，男人和女人在交流方式上也存在着一些差异。台湾的洪兰教授在一次演讲中说，男人一天讲七千个字，女人一天讲两万个字，但麻烦的是男人在上班的时候已经把那七千个字讲完了，而他回到家里，太太正等着把那两万个字在接下来的几小时里讲给他听。常有妻子这样抱怨丈夫："他像个木头一样不跟我说话，我们之间没有交流"。而丈夫经常觉得不理解："我们刚刚说过话呀，不是刚说完周末要买什么东西、谁送孩子上课吗？"之所以会有这种分歧，是因为男人和女人对于谈话的内容和功能有不同的理解和预期。研究者发现（Tannen, 1990），女人更喜欢以亲近、发展情感联系、建立沟通关系为目的的谈话，这被称作关系式谈话（rapport talk），而男人更习惯于以交换信息、解决问题为目的的谈话，这被称作报告式谈话（report talk）。对女人来说，周末的采购计划、送孩子上课的安排等都不算谈话，她们期待和丈夫一起的有温度、有趣味的分享与交流。对男人来说，当需要吸引别人注意的时候，他们会通过讲故事、讲笑话来展现自己的机智幽默，但一般情况下，他们对关系式谈话往往没有太多兴趣。这就是为什么在追女朋友的时候，一个素来"讷于言"的小伙子好像变得风趣、幽默、侃侃而谈，但当女朋友变成老婆以后，他们又做回沉默寡言的自己，让妻子觉得他在婚前婚后判若两人；而丈夫则会不理解为什么明明刚和妻子说了话，她还是抱怨两人之间没有交流。

总之，男人、女人在交流方式上的差异，加上我们内心的骄傲与自我中心，为夫妻之间真诚的交流增添了不少障碍。但克服这些障碍并非不可能，它需要夫妻双方都对对方的想法、情感需求更敏感一些，对对方的期望少一些，自己付出的多一些，不必计较谁占了上风、谁占了便宜、谁胜利了，不必把满腹心事藏起来或者让对方猜，要把对方当作自己最好的朋友，坦诚地交流，常常表达对对方的情谊。与其等到情感淡了再去感叹"人生未若只初见"，不如把"初见"时的美好记在心里，常常提起、时时回味，从而不忘初心。常言道："夫妻同心，其利断金"。要做到同心，真诚的交流是必不可少的一步。

（三）夫妻双方的共同投入

从媒体上经常可以看到某某明星子女爆出负面新闻之后父亲站出来向公众道歉，坦言自己对孩子疏于管教，不是一个合格的父亲云云。其实不光是明星家庭，普通之家也有类似的情形。一般来说，父亲与孩子相处的时间大概只有母亲的三分之一，在不同的种族、文化下大致都是如此（Sun&Roopnarine，1996等）。为什么父亲对孩子的投入相对较少呢？原因有很多。有些人抱有传统的观念，认为母亲应该多管孩子，而父亲要挣钱养家、要事业有成；还有些父亲对自己护理孩子的能力缺乏信心，一想到给孩子喂奶、洗澡、换尿布就怵头，担心自己做不好。有时这种信心不足与其他家庭成员的态度有关。在有些家庭中，孩子出生以后，妈妈或者奶奶、姥姥把照顾孩子的责任都揽在自己身上，不愿意让爸爸插手。当爸爸做什么事情没做好时，往往会招来一顿埋怨、指责，"看你笨手笨脚的，什么也做不好""一边儿待着去吧，别在这儿添乱了"……谁愿意费力不讨好呢？久而久之，爸爸索性做起了甩手掌柜，什么也不管了。那么，父亲是不是真的不擅长照顾孩子呢？我们在前面讲依恋关系的时候讲到过，其实父亲与母亲对婴儿发出的信号的生理反应是非常接近的。研究者让父亲和母亲通过监视器观察在安静、微笑、哭泣等不同状态下的婴儿，并记录他们的生理反应，发现父亲与母亲在心跳、血压、皮肤传导等指标上的变化是相似的（Frodi等，1978）。还有研究发现，在护理新生儿的时候，父亲与母亲表现出的护理行为也是一样的，父亲可以像母亲一样抱着孩子、抚摸孩子、轻声的和孩子说话（Parke

等，1976）。也就是说，如果有机会，父亲可以像母亲一样胜任照顾婴儿的任务。而且，大量的研究发现，父亲的投入对孩子的成长有独特的贡献，因此父亲与孩子高质量的交互对孩子的成长发展大有裨益。

首先，父亲和母亲在与孩子相处的时候表现出不同的交往方式和风格。从婴儿期直到上学以后，这种交往风格上的差异一直非常明显。在与孩子玩耍的时候，父亲更倾向于提供间断的、爆发性的刺激，比如我们经常可以看到爸爸突然把孩子高高的举起、拎着孩子转圈、和孩子打打闹闹等，在这个过程中，孩子不仅可以感受到比较强烈的身体刺激，他们也是在用这种方式与爸爸进行情感交流和社会性交互；妈妈则更倾向于提供节奏性的、安慰性的刺激，她们把大部分时间花在照看孩子以及一些比较安静的游戏上，比如和孩子一起说歌谣、背诗、读书、讲故事、画画、做手工等。孩子有时想闹一会儿、疯一会儿、释放能量、寻求刺激，他们会找爸爸一起玩；有时孩子想安静一会儿，休息一会儿，他们会从妈妈那里找到安慰和爱抚。这两类交往方式对孩子来说相辅相成、缺一不可。

此外，父亲在家里起到榜样的作用。特别是对于男孩子来说，通过与父亲的交往，他们在学习怎样去做一个男人，对人、对事、对工作应该持怎样的态度等。当他们与父亲有亲密的情感联系的时候，他们更容易认同父亲的人格特点、态度和行为方式。研究发现（Lamb，1981 等），在没有父亲的家庭中长大的男孩子更容易在学业成就、性别角色发展、对攻击性行为的控制、情绪发展、社会性发展等方面出现问题。

父亲对家庭、孩子的投入对女孩子的成长发展也非常重要。

在传统的家庭中，母亲承担了大部分做家务、照顾孩子的责任，而父亲主要负责养家糊口。在非传统家庭中，父亲与母亲比较平等地承担家庭责任，母亲也要工作，父亲也会做家务、照顾孩子。研究发现（Hoffman 等，1995），非传统家庭中的女孩子通常有更好的成长发展，她们一般不会产生特别强烈的性别定势，比如认定女孩子长大以后只能在家带孩子等，这些女孩儿在生活中通常表现出比较强的独立性，当遇到困难、挑战的时候，她们更倾向于认为自己有掌控、应对的能力。传统家庭中的女孩儿通常从七年级开始，数学、科学成绩就会明显下滑，而非传统家庭中的女孩儿在学校中通常能够保持较高的学业成就（Updegraff 等，1996）。

还有研究者认为，父亲对家庭的影响是整体性的，父亲对家庭的投入将为整个家庭带来情绪、情感上的支持和更加稳固的经济保障，而一个不尽职的父亲将为家庭带来紧张和压力（Lamb 等，1987），增加孩子不良发展风险的机率。

父亲投入家庭的重要性还不止于此。当一个男人把教养孩子的责任完全推给妻子的时候，家庭中的每一个成员都会遭受损失，但损失最大的也许正是父亲自己。在这个忙碌的时代，男人们有太多的事情要做，有太多的理由不能陪伴妻子和孩子。然而终于有一天，那些父亲会发现，也许他多做成了几单生意，也许他多发表了几篇文章，也许他名利双收，也许他事业有成，但这一切都换不回孩子在临睡前给他的一个拥抱，换不回孩子急着把好玩的事情讲给他听时兴奋的眼神，换不回孩子最需要他时他能给孩子帮助和爱抚的机会，换不回养育孩子带给他自己的成长。

　　当然，这些话也同样适用于母亲，母亲在孩子成长中的作用自不待言。强调母亲对家庭的投入并不是说母亲不应该出去工作，相反，研究发现，母亲工作对孩子的发展有一定的积极影响（Huston，1983等）。通常，母亲在外工作的孩子对于性别角色的认知更为灵活，比如，他们不会觉得只有男人才会这样、只有女人才会那样，他们更倾向于认为每个人都可以表现出不同的行事为人的风格，而这并不总受性别的限制。母亲在外工作对女儿的影响尤为明显，这些女孩通常表现出更强的成就动机，也更容易兼具传统意义上男性（如独立、果断、冒险等）与女性（如温柔、具有同情心、整洁等）的行事风格与性格特点。记得在我小女儿两三岁的那段时间，我在家里做全职妈妈。有一天我问她："你长大以后想做什么呀？"她说："我想像你一样，当妈妈，照顾宝宝。"孩子的话对我触动很大，"当妈妈，照顾宝宝"并没有什么不好，但我不希望孩子在这么小的时候就形成一种定势，以为女孩子长大以后就只能如此，她们应该有更开阔的视野，知道自己将来可以有许多不同的选择。所以我跟女儿说："这个主意很好。除了当妈妈以外，你还想做什么呢？你知道吗？妈妈以前是在大学当老师的，我特别喜欢那个工作。现在在家里照顾你是因为你还小，妈妈愿意多陪陪你。等你上幼儿园了，妈妈还会再回到大学当老师的……"由于面临语言、文化上的障碍，以及离开工作环境之后在专业知识上的滞后，在美国的大学教书对我来说是件非常困难的事情。当孩子大一些的时候，我本可以找一份更为轻松的工作，但我没有这么做。经过艰苦的准备，我终于可以在纽约州立大学教书了，而且是教我心爱的专业——儿童心理学。我之所以选择回到大学从教，就是为了兑现在孩子面前的承诺，也想用自己的经历告诉孩子，她可以有很多选择，可以放手去做自己喜欢的事情，去走适合自己的道路。

对于父亲和母亲来说，重点不在于是否出去工作、是否送孩子去幼儿园等，而是从内心认同为人父母这一角色，承担为人父母的责任（而不是把责任推给祖父母、保姆、老师、学校），以好的方式与孩子相处。总之，父亲与母亲对家庭的共同投入对孩子的成长发展是最为有利的。不论是男人还是女人，从你选择成为父母的那一刻起，就意味着你选择去为孩子付出你的时间、精力、做出牺牲，以你全部的热情去爱孩子、为着他风雨无阻、不退半步。我们都知道为人父母不容易，当小宝宝整夜哭闹让你不得安睡的时候，当几个孩子为一点儿小事你争我抢、各不想让的时候，当孩子胆怯退缩、说谎、打架、逃学的时候，当孩子沉迷网络游戏不思进取的时候，当孩子出言不逊、把我们的好心当作驴肝肺的时候……我们委屈、生气、焦虑、担心，我们恨不得抛开一切逃回到无忧无虑的从前、再不管这些熊孩子，可是，我们终究不能这么做，因为我们是父亲、母亲。尽管委屈、生气、焦虑、担心，但完了之后还是要把眼泪咽下，着手应对生活中的一个个难题。在很多时候，我们无法直接改变孩子，我们所能做的是更好地理解他们（比如为什么他们会出现这样的问题、为什么他们会做这样的选择等），以及反思自己有什么可改进之处。往往是当我们自己改进之后，孩子的问题也迎刃而解了。而当这个时候，你会有豁然开朗的感觉，你会感激孩子带给你的启示，你会发现自己能陪着他们一起成长是多么幸运。

以上谈到了家庭中夫妻相处的几个方面，包括好好说话、以爱相待，夫妻同心、真诚交流，以及夫妻双方的共同投入。这几个方面对于家庭的和谐和孩子的健康发展是非常重要的。对于一辆汽车来说，哪怕性能再好、配置再高端，平时的保养维护都比出了故障以后大修更能延长车子的使用寿命。婚姻也是如此，美满幸福的婚姻不仅需要两个人真心相爱，或者所谓有缘遇见了对的人，或者拥有雄厚的经济基础，它需要夫妻双方都能不断钻研爱的功课，时时对自己的婚姻保养顾惜。当妻子说"过生日的时候我什么也不想要"，做丈夫的永远不要相信，生日、结婚纪念日、各种节日都是你制造浪漫、表达爱意的机会，别浪费了；当你有事要晚回家的时候，记着打电话给她，让她放心；不管你有什么梦想、有什么计划，记着把她纳入你的宏伟蓝图之中，对你们两人都好的才是最好的。做妻子的别再拿"我和你妈同时掉河里，你先救谁"那道老掉牙的题来折磨你的丈夫，一个连自己的母亲都不顾的人怎么会看重你呢的；永远不要骂他"废物""没用"，当心预言的自我实现；别总是盯着他的毛病不放，因为那就如同只顾着看插播的广告而忽略了整部电视剧；敬重他，他会成为值得你敬重的人；台湾作家张晓风曾写道："依他如父，却又怜他如子；尊他如兄，又复宠他如弟"，这种对立统一的感觉要我们细细品味。把爱融入一个个平凡的日子，用生命去兑现结婚时的那句誓言，不管健康或疾病、贫穷或富有、顺境或逆境，你始终爱他，执子之手，与子偕老。有句谚语说，一个人能为自己的孩子所做的最好的事情就是好好地爱他的伴侣。做父母的与其整天琢磨怎么在起跑线上抢跑，不如自己做孩子爱的榜样，陪跑他的成长之路。

下　篇
家学之重：
家庭教育最该带给孩子什么

历史书或小说中介绍一个人物的时候，常常会提到他的家学渊源。比如《射雕英雄传》里的黄蓉，当她被裘千仞的铁掌击伤后，郭靖陪着她去找一灯大师疗伤，一路上遇到重重阻碍，然而就因为黄蓉是黄药师的女儿，她解得了瑛姑的多元多次方程，还能与渔樵耕读四人文武智斗。若不是有深厚的家学垫底儿，任凭郭靖情深义重、铁血丹心，也救不了黄蓉的性命。可见，家学对一个孩子的成长是多么重要，即便是金庸笔下的江湖中人也是要讲究"拼爹"的。这里，我想借用"家学"一词，谈谈家庭教育对孩子的影响。在武侠世界，黄药师教给女儿武功、吟诗作对、解数学题，那么在当今世界，家庭教育的重心是什么，家长最该教给孩子一些什么本领，家长将怎样影响孩子的成长，怎样将"无条件的爱"的原则贯彻到家庭教育当中呢？这是本书下篇重点讨论的主题。

前文讲到，家长影响孩子成长发展的方式主要有三种，直接的教导与训练、提供榜样以及通过安排孩子的活动、选择孩子接触到的环境来影响孩子的发展。在这几种方式中，对大多数家长来说，最为熟悉、花费时间精力最多的可能是第三种方式，安排孩子的活动和环境。今天孩子们的成长之路虽不像黄蓉的疗伤之路那样步步惊心，但家长们还是生怕孩子被千军万马挤下独木桥，因此不论寒暑、节假日，总能看到家长带着孩子奔波于各种辅导班、补习班、才艺班的忙碌身影，几年下来，孩子学成什么样不知道，家长已经是琴棋书画样样精通了。这些活动安排固然重要，但远远不是"家学"的全部，而且在这些活动中，孩子通常是向老师或教练学习，家长更多只是充当司机、看护、陪练、提款机等角色。相比之下，另外两种影响方式比较容易被人忽视，而孩子正是以这两种方式，通过与父母的交往向父母学习的。当然，这几种方式经常是交织在一起、同时发生作用的。比如家长的言谈举止对孩子潜移默化的影响贯穿于所有的亲子交往之中，家长对孩子活动、环境的安排与直接的教导与训练也往往是相辅相成的。因此在下面的讨论中，大家可能会看到几种方式的共同作用。

谈到家庭教育的重心，有些家长可能首先会想到学习成绩。毕竟，自孩子入学以后，学习任务越来越重，考分、排名如影随形，莫说高考，只是一个小升初就足以闹得人仰马翻。诚然，学习压力是不可回避的现实，特别是当大家都在拼命地补习、参加各种比赛的时候，没有哪个家长愿意自己的孩子落下，因此，爸爸妈妈们尽管心疼孩子，也还是竭尽所能地再推孩子一把，再榨出孩子的一些潜能，他们的心思无非是只要孩子能上个好学校，将来的发展总会更有保障一些，自己也算对得起孩子了。真是可怜天下父母心，这些家长是爱孩子、关心孩子的，为了孩子起早贪黑、不辞劳苦，但是，当人们只顾着比拼成绩、名次的时候，常常容易忽略掉更重要的东西，或者看不到事情的全貌。要知道，18岁不是孩子成长、发展的终点，上大学更不是人生的终极目标，在此之后，孩子还有很长的路要走，人生的许多重头戏如恋爱、结婚、工作、创业等，都是在此后才得以经历各种起承转合、展开得淋漓尽致。老话说得好，磨刀不误砍柴工，我们不妨把焦灼的心放一放，眼光看得更长远一些，认真地思考一下教养孩子究竟意味着什么。还记得前一阵炒得很热的短板理论吗？它的大意是说，盛水的木桶是由许多块木板箍成的，如果其中一块木板过短，那么这个木桶的盛水量就被短板所限制，因此为了增大盛水量，则需要补足短板。许多家长正是将主要精力放在这件事情上，花大把的时间、金钱去补孩子的短板，物理不行就补物理，数学不行就补数学。为了让孩子跻身学霸的行列，家长们从小把"勤能补拙""笨鸟先飞"的道理灌输给孩子，再用各种明目的课外班把孩子武装起来，难怪孩子们抱怨"有一种笨鸟自己不飞，却在窝里下个蛋，然后逼着蛋飞"。其实这么说真是冤枉家长了，家长们并非偷懒不飞。为了让孩子有个好成绩，家长们每天除了忙工作、忙家务，还要刻苦钻研学习方法、应试技巧，辅导孩子作业，交流各种补习班、名师、报考学校方面的经验，真比自己当年做学生的时候还下功夫。可是，家长们可曾问过自己"然后呢?"当了学霸、上了好学校就一定能拥有成功、幸福的人生吗? 有多少曾经神一样的学霸步入社会以后泯然众人矣，更有甚者不但没有表现出卓越的成就，反而因为扭曲的人格、情绪障碍、社会技能不足、抗压能力极度缺乏等成为各种极端事件的主角。其中一个重要的原因就在于许多学霸是靠着各种"补药"补出来的，他们从小在家长的催促与苛求中长大，虽然练就了过硬的考试技能、得奖、上名校、为各种光环所围绕，但在追逐这些光环的时候，他们的好奇心和独立思考的能力早早地被扼杀了，他们从来不曾认识、发展自己的爱好，从未根据自己内心的声音做出过选择，他们的内心甚至根本没有自己的声音，他们学业的短板上或许被打了一块补丁（这补丁有多牢靠也未可知），但在品质、性格方面却漏洞大开……总之，学校中骄人的战绩并不是通向幸福人生的船票，家长们不能眼睛只盯着孩子学业上的短板，把学习成绩的提高看作教养孩子的唯一目标。运用短板理论解释和指导人生发展的一个前提是，它把每个人都看作孤立无援的、静止不动的、盛水的木桶，而这一点恰恰是有问题的。首先，每个孩子并不都是木桶，他们有自己独特的样式，有自己独特的发展轨迹，有适合自己的发展领域和学习方法；另外，每一个孩子在发展的过程中无时不在与周围的人和环境互动，有大量的资源可以借用去补偿短板的劣势；再有，每个人都有不断发展的潜能，即便是短板也有巨大的进步空间，只不过需要探索适合的方法，而不是千篇一律、头痛医头、脚痛医脚。让所有的孩子都像机器一样按照同样的方法、学习同样的东西、成为相同的样式，本来就不应该是教育的目标。如果硬要姚明去学习钢琴或者芭蕾舞，老师和家长也许会觉得他无可救药，而他自己也可能被折磨得无地自容吧。父母在教养孩子的过程中，一个首要的任务就是要帮助孩子认识自己，发现、培养他的兴趣和优势，探索他们所热爱和擅长的事业，或者说找到人生的长板，这是让孩子成长为最好的自己的前提。此外，如前文所述，家长教养孩子的着眼点应放在健全人格以及美好品质的培养上。而且，上述两点是相辅相成的，在内在兴趣、内在动机的鼓舞下，孩子通常更容易养成自信、乐观、自控、有责任心、乐于求知、持之以恒、勤奋等优秀品质，这些品质将支撑着孩子走过人生中艰难的时刻，在坎坷面前抱有希望，在压力面前不致气馁，以开放的心态面对挑战、追求卓越，拥有这些品质的人通常也更有可能在学业、事业和生活当中获得幸福和满足。

这些品质对人生发展最为重要，但也恰恰是最难直接教给孩子的。品质的培养靠的不是耳提面命式的灌输与说教，也没有什么专门的训练"宝典"或者"神器"。品质是在每一天平常的生活里点滴积累而成的，充满爱的家庭氛围和亲密的亲子关系是培养美好品质的沃土。再有，品质的培养不是在真空中进行的，而是与孩子的成长发展交织在一起的。孩子的成长发展包括许多方面，比如身体及运动能力的发展、认知、语言能力、智力的发展、情绪、社会技能的发展、自我概念、道德的发展等。家庭对孩子在各个方面的发展都有重要的影响，而其中有四个方面与家庭的关系尤为密切，即生活习惯与生活技能、情绪管理能力、同伴交往的能力和语言能力。这四个方面可以说是家长的用武之地，其发展将大大得益于适宜的教养方式，而这几个方面的长足发展不仅将惠及其他方面的发展，也将有助于优秀品质的养成。接下来的章节将以这几个方面的发展为切入点，谈谈家长如何抓住日常生活中的教育契机，培养孩子的美好品质，发展健全的人格，与孩子建立良好的亲子关系，让孩子在爱与尊严中成长，同时父母也使自己在抚育孩子的过程越来越成熟，让自己和孩子一同成长。

第六章

生活习惯与生活技能

（Hope Zhang）

　　快到半夜了，父母已经筋疲力尽，2 岁的滨滨精神头却还很足，又说又笑，还缠着父母讲故事、做游戏；该吃饭了，3 岁的亮亮还在专心地玩小汽车，妈妈催他洗手吃饭，喊了十几次也没有反应；妈妈带着 4 岁的小英去商场买衣服，小英却被一个玩具小熊吸引住了，吵着要买，妈妈说家里已经有好多这样的毛绒玩具，不能再买了，小英就大哭起来，引得过路的人都往这边看，弄得妈妈很是难堪；5 岁的杰杰特别爱吃零食、饮料、糖果、饼干不离手，既影响吃饭，又坏牙齿，大人说了也不听；6 岁的冰冰从来不整理自己的房间，衣服、玩具到处乱扔，想找什么都找不到；7 岁的晶晶非常没有礼貌，整天对爷爷、奶奶、爸爸、妈妈呼来喝去，从来不说请、谢谢、对不起；8 岁的小峰放学回来第一件事就是拿出游戏机，一直玩到吃晚饭，吃完晚饭后，又累又困的时候才开始做作业，经常拖到很晚才能睡觉，第二天又不能按时起床上学……

　　大家对这些场景是不是很熟悉呢？家长朋友们常常抱怨带小孩子真累，孩子的这些问题真让人头疼。上面的这些问题大多与生活习惯的养成和生活技能的培养有关，如果能够抓住时机、使用正确的方法，陪伴小孩子长大的这段时光将会轻松、愉快许多，孩子从中学到的本领也会令他们终生受益。

　　有些家长可能以为，小孩子一定最喜欢自由自在、无拘无束、想怎样就怎样的生活，其实这是一种误解。通常，当小孩子有一定的常规可以遵循的时候，他们对下一步将要发生什么会有一个预期，这种预期能够减少他们的焦虑，让他们感觉放松和舒服。因此，对于小孩子来说，养成良好的作息规律和生活习惯是非常重要的。前面的章节谈到，两三岁是"立规矩"的关键时期，从这个时候开始，家长的一项重要任务就是制定一个适合自己家庭的作息时间表，包括孩子什么时间起床、吃早饭、上幼儿园（或其他活动）、午睡、吃晚饭、做游戏、洗漱、睡觉等，和建立一套生活常规，比如说话有礼貌、玩具玩过以后要收拾起来、每天睡觉前要收拾好当天的衣服、选好第二天要穿的衣服、放学后先做作业然后再玩、吃饭前、睡觉前不吃零食等，并按此执行。每个家庭根据自己的情况制定作息常规，不必强求一致，但重要的是，家长需要有意识地思考你想要的家庭生活是什么样的，你希望孩子养成什么样的生活习惯、具备什么样的生活技能，据此制订计划、提出明确的规则，并且在日常生活中贯彻执行。有许多家长没有这样的规则意识，家里的电视总是开着，零食到处摆放，游戏机随时可以玩……他们从来没有明确地提出过要求，却经常唠叨、抱怨孩子没有规矩，这不好，那不对，而孩子对这些唠叨、抱怨通常是充耳不闻，因为他们知道这些话虽然烦人，却奈何不了他们。正所谓"没有规矩不成方圆"，有意识地立规矩是让孩子有教养的第一步。有的家长可能会说，"哪有那么容易，规则制定了，孩子不听怎么办？那么小的孩子能明白那么多规则、做那么多事情吗？"其实，规则的制定和执行是要讲究方法策略的，正所谓会者不难，下面我们就一起来拆招解式吧。

（一）规则明确

规则应该清楚、明确，让孩子知道家长对他的期望是什么，什么是可以做的，什么是不能接受的。遇到问题的时候，家长用规则来要求孩子，而不是用哄骗、糊弄的方法来应付孩子。即便对于两三岁的孩子，只要家长耐心讲解，孩子也能够明白规则是什么，为什么要有这样的规则。比如，如果孩子在睡觉前要求吃糖，只需要告诉他不能在睡觉前吃糖，因为那样对牙齿不好，而不是说家里的糖已经吃完了或者糖被妈妈收起来找不到了。哄骗、糊弄虽然可能一时方便有效，但这样做不能帮助孩子树立正确的观念。而且，一个满口谎言的大人怎么能够赢得孩子的信任和尊重呢？

当孩子很小的时候，规则的制定主要由家长完成。例如，对于深夜还不睡觉的滨滨，父母可以安排一个更为合理的作息时间表。通常来说，小宝宝到深夜还在折腾，并不是因为他们精力过剩，而是作息规律不好，比如早上起床太晚、午睡时间太长或睡得太晚、白天缺乏有意思的活动等。因此，滨滨的父母可以调整孩子的作息规律，如早上早起一些，控制好午睡的时间，白天安排一些有意思、有强度的活动，像讲故事、唱歌跳舞、做手工、做运动等，丰富的活动既可以培养兴趣、发展能力，也可以消耗精力，这样到晚上七八点钟，滨滨已经很累了，这时候父母可以带着他洗漱，然后安排一段安静、温馨的睡前时间，一起读书、听听音乐、拥抱一下，滨滨就可以踏实地睡觉了，父母也不用陪着他熬夜了。

随着孩子长大，家长可以邀请孩子参与规则的制订过程，一起协商各种细节，达成一致。以小峰玩游戏机为例，在买游戏机之前，爸爸妈妈和小峰可以一起商量玩游戏机的规则，比如每天玩多长时间，什么时候可以玩，违反了规则如何处置等，亲子双方达成共识，以后在执行的时候有章可循，就不会纠缠不清了。

通过亲子间的沟通，家长传递给孩子的信息是爸爸妈妈很愿意帮助你，希望你开心，也很看重你的想法，在规则之内，你有很大的活动或享受空间，而违反规则需要付出代价，自由和责任是联系在一起的。

（二）规则的一致性

有了规则，下一步就是要执行规则。如果说"规则明确"讲的是"有法可依"，那么"规则的一致性"则是"有法必依"，也就是说，规则的执行不会因场合、情境或者执行者的不同而变化。还是先讲一个我家的例子。在我小女儿两岁的时候，有一天她要看电视，我们事先讲好，只看一集动画片。当一集看完的时候，女儿要求再看一集。我自然是搬出定好的规矩，不同意再看了。女儿一听就不干了，坐在地上大哭起来。看着孩子要赖的样子，我忍着没发脾气，蹲下来看着她的眼睛，很平静地说："我们刚才都讲好了就看一集，现在看完了，我们可以干点儿别的事情。妈妈可以陪你看书，或者给你讲个故事。你要是想再哭一会儿，妈妈就先去刷碗了，你哭够了来找我。"说完我就去厨房了，留她一人在客厅里继续哭。孩子见我走了，哭得声音更大了。我手里刷着碗，心里却似翻江倒海，有无数的声音在打架：

"这个傻孩子，哭得都上不来气了。这么个哭法，回头嗓子该哑了。"

"为这么点儿事，至于弄得孩子不高兴吗？"

"可是规则就是规则呀。"

"可是，就不能灵活一点儿？她平时挺乖的，要不就让她再看一会儿？"

后来我实在熬不住了，把碗一放，转身回到客厅，正要开口讲话的时候，只见孩子一轱辘从地上爬起来，小脸显得特别平静，好像什么不愉快也没发生过，她走过来拉着我的手说：

"妈妈，你给我讲个故事吧。"我愣在那里足足有好几秒才反过味儿来，要是再少坚持 1 分钟，就前功尽弃了。

"规则的一致性"看起来容易，做起来却很难，太多的因素可能让我们在不知不觉中放弃原则。有时我们很忙、很累、心情不好（或者心情很好），有时孩子大哭大闹，我们会觉得难堪，或者心疼孩子，有时孩子会撒娇、用特别可怜或者特别可爱的眼神看着我们，有时我们自己会觉得何必那么较真儿呢，下不为例吧……不管出于什么原因，只要我们让步了，没有执行规则，孩子很快就会发现我们拿这些规则并不当真，他们还有讨价还价的余地，或者可以拣软柿子捏，妈妈不行还可以问爸爸，或者问爷爷奶奶，这样一来，不光会增添许多麻烦、多费许多口舌，规则也会形同虚设，起不到规范行为的作用。特别是当孩子用哭闹、发脾气、威胁人来争取他想要的东西时，家长的让步、退缩会带来一个很糟糕的结果，那就是强化了孩子的这种行为。比如我家的例子里，女儿的哭声分分钟都在考验我的承受能力，稍有不慎，就会功亏一篑。如果是在公共场合，家长面临的挑战会更大。前面提到的缠着妈妈买毛绒玩具的小英，当妈妈说不可以的时候，她不仅会大哭大闹，还可能抱怨妈妈不讲理、不爱她，周围人异样的目光也会让妈妈非常难堪，不管怎样，如果这个妈妈坚持了 10 分钟后败下阵来，对小英说："只买这一次，以后不许这样了"，小英心里一定是乐翻了，一是因为她胜利了，二是因为她学到了一件很重要的事，那就是她可以通过哭闹控制大人，得到她想要的东西。只要坚持上 10 分钟，大人一定会妥协的，如果不行，就延长时间，或者加大火力，诸如提高嗓门、打滚、上蹿下跳之类，总之是会折腾到你受不了为止。孩子的行为其实是在试探家长的底线、扩展自己可控范围的边界，这种行为反应了孩子对自主性的诉求，从两三岁开始贯穿于整个成长过程。家长的任务一方面是让孩子知道边界在哪里，在边界内他们有很大的空间去施加自己的影响，而越过边界的行为是不被允许的；另一方面，家长要让孩子知道应该用良好的方式与人沟通、争取自己想要的东西，哭闹、发脾气等是行不通的。对于小英的问题，理想的解决办法是在去商场之前，妈妈先和小英一起商量都要买些什么东西，讲好之后，要小英答应不能在商场吵着买其他东西。在商场里，妈妈和孩子有说有笑，亲亲热热的，再加上事先的准备工作，孩子通常不会再吵闹了。但如果小英在商场里还是忍不住要买别的东西，妈妈只需要很肯定地说："我们该买的东西已经买好了，你答应过我的，不买其他的东西。我们赶快回家，换上新衣服吧。"一般来说，孩子就不会继续要求了，但如果小英非常执着并哭闹起来，妈妈则需要坚持住原则，马上带孩子离开商场，不留一点儿回旋的余地。这样的事情经历过一两次后，孩子就会明白，如果是可以买的东西，不需要哭闹就会买给她，如果是不能买的东西，哭闹也没有用。如果在孩子两三岁第一次用哭闹等方式与父母对峙时，父母能够坚持一致性的原则不放松，那么孩子很快就会放弃那些无效的沟通方式，亲子之间将减少许多紧张和不愉快的经历。反之，如果在最初的对峙中，每次都以父母的让步、妥协告终，那么这种不良的沟通方式将保留下来，并且会越来越严重，到孩子十几岁的时候将会难以收拾。

（三）强化好的行为

大家都熟悉马戏表演，通过训练，动物能够完成许多高难度的动作。这种训练依据的是操作学习原理，简单说就是当动物做出一个理想的行为或者接近理想的行为时，给予它一个好的刺激（比如食物），这个刺激将增加它再次做出理想行为的机会，或者使它的行为向理想行为靠近，这个过程叫强化。强化的例子在我们的日常生活中随处可见。例如，有一天丈夫下班早，回到家里把晚饭做好了，妻子进门有口现成的饭吃。如果妻子对丈夫的厨艺大加赞扬，再猛夸他有责任心、顾家、能干等，那么她以后吃现成饭的机会将大大增加；如果妻子挑肥拣瘦，数落抱怨哪里哪里不好，那么下次丈夫再有机会早下班，也许宁愿躲在办公室里玩手机也不会回来做饭找骂了。当孩子哭哭闹闹与父母对峙时，父母的退缩其实强化了孩子通过哭闹争取自己想要的东西这一行为，也是符合操作学习原理的，只不过父母在无意间强化了一个不好的行为。类似的例子还有很多，就像守株待兔的故事，一只兔子居然弄得农夫田地荒芜，可见强化的力量有多么大。那么，我们在教育孩子的时候，何不利用这个学习原理强化我们所期望的、好的行为呢？

当你下班回到家，孩子跑过来接过你的包、给你一个拥抱，当孩子自己把玩具捡起来放进玩具箱，当孩子放学后先把作业做好，当孩子主动把垃圾拿出去扔掉……只要仔细观察，你会捕捉到孩子在日常生活中的许多好的表现。当这些行为出现的时候，不要视而不见，不要认为这都是理所当然的，我们应该通过给予强化让孩子知道他做得好、做得对的事情，或者他擅长的事情，以及他的行为带给我们的愉悦的感受。强化的最高境界不在于运用技巧去操纵、控制孩子的行为，让孩子变得"听话"，而是让孩子知道，你的好我看到了，谢谢你温暖我的心，我为此感恩，我以你为傲。一个结实的拥抱、一个赞赏的眼神、一句暖心的话语将增加那些好的行为再次出现的机会，或者让好变成更好，同时也将增进家长和孩子之间亲密的关系。

　　与孩子相处的时候，我们应该将关注点放在孩子做得对的地方，而不是专门盯着孩子的不足、时刻准备挑错。有一次我去一个机构办手续，需要排很长的队，排在我前面的是一家三口，爸爸妈妈都很年轻，带着一个2岁左右的小女孩，看得出这是他们的第一个孩子，夫妇俩对孩子非常疼爱。在排队的过程中，小女孩闲得无聊，时不时动动这里，摸摸那里。她的爸爸妈妈不停地管教她："别踢那个柜子""别动那个桌子""别把手放到嘴里""别哭了"……在排队的半小时里，小女孩听到了不下二十个"No"，而她对父母的管教所做出的反应也只有两个，一个是大喊"No"，一个是大哭。可以想见，在这个小女孩以后长长的一生当中，她将从父母那里听到多少否定的话语，长大后她的父母又将经历多少来自孩子的不满和反抗。其实家长完全可以换个视角，强调孩子做得好的地方或者直接告诉孩子该怎么做，用正面的引导代替负面的批评。比如："谢谢你这么耐心地陪爸爸妈妈""站到妈妈这边来好吗？我们一起做个游戏"。如果父母事先考虑到排队的时间比较长，还可以通过合理的安排，让等待的时间不至于太过无聊。可以随身带几本孩子喜欢的书，或者蜡笔和纸，陪着孩子读书、画画，当孩子有更有意思的事情可做的时候，自然就不会闲中生事了。总之，在亲子交流中，我们应该尽可能地传递正向的信息，让孩子感受到他有多能干，他有多懂事，他所擅长的是什么，他能做出什么样的贡献，有他在身边我们是多么幸运；而不是整天批评、挑剔、贬损孩子，总是让孩子觉得自己是多么没用、多么差劲、多么令人失望，这样做不仅无助于塑造孩子的良好行为和品格，还会让孩子失了自信心和志气。

最后需要强调一点，强化不等同于贿赂或收买。有些家长会向孩子许诺，如果考试考得好，就给你买个什么玩具或者去哪里玩儿；刷一次碗、扫一次地给你多少钱等，这不是强化，而是在收买孩子的好行为，这些做法是不可取的。当过分强调外在动机的时候，人的内在动机反而会降低，这被称作打折扣理论。有这样一个故事：一个孩子经常在养老院的门口踢那里的铁皮垃圾桶，声音很吵，老人们不胜其烦，多次找人去说那个孩子，但一直没有效果。后来有个老人想出一个主意，他找到那个孩子，跟他说，"我特别喜欢听你踢垃圾桶的声音，希望你每天都来为我演奏一次，我每周可以付给你20块钱作为报酬。"那个孩子听了特别高兴，收了老人20块钱，每天都来踢一会儿垃圾桶。一周以后，老人说，"我现在手头有点儿紧，只能付你每周10块钱了，希望你还能每天为我演奏。"孩子面露不悦，勉强答应了。又过了一周，老人找到孩子，说："我的经济状况更糟了，每周只能给你1块钱，但我太喜欢你的音乐了，求求你还是每天为我演奏吧。"那个孩子不屑一顾地说"你以为我会为了1块钱卖力气吗？"说完扬长而去，再也没有来骚扰过老人。这个故事讲的就是当强调外在动机的时候，活动本身带给人的快感和满足反而减少了。贿赂、收买孩子的好行为短期也许有效，但长远来看，通常是费力不讨好的。因此，家长应该让孩子明白，给他买礼物、带他出去旅游是为了让他开心，给他零花钱是为了满足他生活的需要，并且锻炼他的经济头脑，归根到底是因为爱他、关心他，这是家长应尽的本分；而孩子努力学习、做家务是尽他作为学生和作为家庭成员的本分，因为他的努力和付出，他取得了更好的成绩、家庭环境变得更加舒适，这就是他的收获，除此之外，不需要别的理由。

（四）学会夸奖孩子

接着强化这个话题，让我们再来说说强化中的一种重要方式——夸奖。我大女儿6岁的时候，参加同学的生日聚会，一群小姑娘在溜冰场滑旱冰。当时，她刚开始滑冰不久，还不熟练，而且冰场提供的冰鞋和我家的不一样，她穿起来也不太适应，但是她一句怨言也没说就开始滑了。别的孩子滑了一会儿就干别的去了，有的买零食，有的抓娃娃，只有她还在滑冰。远远的看着她瘦小的身体像一棵豆芽菜一样在冰场上摇摇晃晃，但却很坚强的一圈一圈地转着，当时我想，她小小年纪，难得在生活中能有这样一股坚强的劲头，没有什么能难倒她。等滑冰结束的时候，我把刚才的一番想法告诉了女儿，女儿抬头看着我说："妈妈，这好像是你第一次夸我。"女儿的话对我触动很大，为什么说这是第一次夸她呢？以前我没少说"真棒"呀？可见，夸奖不等同于简单的恭维，怎样才能夸到点儿上是大有学问的。下面我们就来谈谈夸奖孩子那些事儿。

我们对夸奖并不陌生，打开微信朋友圈，各种形式的晒娃铺天盖地，日常生活中，"你最棒了!""宝宝真聪明"等赞美之词也泛滥得让孩子的耳朵起了茧子。然而并不是所有的夸奖都对孩子有益，得当的夸奖能够鼓励孩子，增强孩子的自信心，提升自我感觉，拉近亲子之间的关系，使孩子更易于表现出好的行为；而不当的夸奖则会适得其反。比如，当孩子拿着他刚画好的画给妈妈看的时候，如果妈妈只顾忙着做自己的事情，随便瞟了一眼就说："不错不错，画得好极了"，那么孩子心里知道你并没有仔细看，他可能会想："妈妈一点儿也不关心我的画，我画的一定不怎么样"；或者，妈妈看了画以后说："你画得太好了，这是我见过的最棒的画了"，孩子心里则可能会嘀咕："真有这么好吗? 好像和以前画得也差不多呀，妈妈是在糊弄（骗）我吧"；再或者，妈妈说："你画得真棒，比隔壁的小明画得强多了"，这样的夸奖会助长孩子的攀比心态，似乎只有比别人好才能证明自己成功，而不是告诉孩子真正重要的是不断超越自己、做到自己的最好；如果妈妈说："你画得太好了，你可真聪明，是个天生的艺术家"，那么孩子心里可能会想："如果我画的不好，是不是就说明我很笨、当不了艺术家呢?"可见，不当的夸奖不仅不能带给孩子鼓励，反而会让孩子质疑家长或者质疑自己、与人攀比，为孩子的发展带来许多不良影响。那么，到底应该怎样夸孩子呢?

提到夸奖孩子，我们最先想到的可能就是夸孩子聪明。我们在学生时代大都见识过那些所谓的"学神"，他们平时好像不怎么用功但学习成绩总是很好，因此给人一种印象，聪明与努力似乎是水火不容的，如果是真的聪明，就不需要太多的努力。当我们做了家长，有不少人自然而然地觉得夸奖孩子聪明可以鼓励孩子，带给他良好的自我感觉。而近年来颇具影响力的一系列研究却发现事实不是这样。美国斯坦福大学的 C.Dweck 教授及其合作者的研究发现（2006），人们对智力有着不同的看法，对失败或者错误有着不同的归因，而这将影响人的学习策略、面对困难及生活中的挑战时的态度、对别人的批评、意见的态度、对别人的成就的态度等，进而影响他所能达到的成就水平。具体来说，有些人认为，人的智力是不会变化的，一个人本来有多聪明就会一直是那样，这被称作固定型思维模式（fixed mind-set）；而另一些人认为智力是可塑的，可以通过教育或努力来提高，这被称作成长型思维模式（growth mind-set）。对固定型思维的孩子来说，失败即意味着能力不足、不够聪明，而他们又无力改变自己的能力，这将打击他们的自信心，因此这些孩子更倾向于回避有挑战的任务，遇到困难的时候常常过早地放弃，因为这样可以避免失败，避免让人觉得他们不够聪明；他们不愿意付出努力，因为在他们眼里，努力只能代表不够聪明；对于别人提出的负面意见，他们通常采取否认或忽视的态度；他们不喜欢看到别人成功，因为别人的成功则意味着他们的失败。这些孩子通常缺乏学习的动力，不能充分发挥潜能，达不到他们本来可能达到的成就水平。与之相反，对成长型思维的孩子来说，挑战、困难，以及来自别人的意见意味着更多的学习机会而不是对自我价值的威胁，努力可以帮助他们提高自身的能力，因此他们不怕失败、拥抱挑战、乐于付出努力，在遇到挫折的时候有更强的韧性，把别人的成功看作学习的榜样和对自己的激励，这些孩子更易于达到较高的成就水平。思维模式对人的影响涉及学业、技能的学习、工作、人际关系等方方面面，不管在学校还是日常生活中，真正使人走向成功的往往不是超常的智力或天赋，而是成长型的思维模式。

那么，怎样培养孩子的成长型思维模式呢？研究者提出，家长和老师可以经常给孩子讲名人或身边的普通人通过努力取得成功的故事，或者讲解大脑作为一个学习机器的运行机制。此外，还有一种重要的方式就是通过夸奖，简而言之，夸奖孩子的时候，重点不在于夸奖他有多聪明，而是强调他有多努力。当使用评价性的语言夸奖孩子的智力、天赋，或者其他稳定的个人特质，比如"天生的艺术家""天生的运动员"等的时候，会让孩子内心变得更为脆弱、陷入自我防御的状态。当家长把夸奖的重心放在付出的努力、使用的策略、遇到困难时的坚持不懈、勇于迎接挑战等方面的时候，则更有助于激发孩子的内在动机、树立自信心，从而迈向更高的成就。当孩子考了好成绩，可以说："你那么认真地准备这次考试，提前复习，反复地做练习。考得这么好，妈妈真为你高兴。"当孩子尝试了很多次终于做出了一道难题，可以说："你试了这么多种方法，一直没有放弃，终于做出来了，真是太棒了！"当孩子拿给你他画的画时，可以说："我喜欢你选的颜色，让整个画面显得特别活泼。我也喜欢你画的这个人，他的表情和姿态都非常生动。看得出你很注重细节，衣服上这个花纹很别致。"这样的夸奖一方面能够强化孩子的成长型思维模式，另一方面，也可以让孩子知道，你注意到了他的努力和进步，了解他的心思，正所谓夸在了点儿上。

此外，夸奖孩子的时候，还可以告诉他他所做的事情带给你的感受。当孩子收拾了他的房间，可以说："你的房间真整齐，让人一进来就感觉特别舒服，想在这儿多待一会儿。"还有些时候，我们最该对孩子说的不是夸奖，而是感谢。比如，"谢谢你帮妈妈把桌子收拾好了""谢谢你在妈妈做饭的时候陪弟弟玩儿""谢谢你写给妈妈的卡片，让我感觉特别温暖"……当然，不管是夸奖、鼓励，还是感谢，最重要的还是要用心。真心的赞美还是敷衍了事的恭维都瞒不过孩子的眼睛。

再有，就是不要吝惜夸奖。有时候，我们不自觉地会用完美主义的眼光看待孩子，我们的眼睛总是雪亮的，一下就能发现孩子的种种不足，也似乎只有指出这些不足、敦促孩子改正才是为他们好，我们才算尽到做父母的责任。其实则不然，回想我们自己的成长经历，就会发现，没有哪次挨了一顿数落以后，我们会觉得浑身舒畅，神清气爽，可以大踏步的前进了；反倒是来自父母的安慰、理解、赞美鼓舞着我们，让我们对未来多了些憧憬和希望。我们应该学会用发展的眼光看待孩子，一些无足轻重的毛病不一定非要指出来，孩子在成长的过程中慢慢会修正、会提高，要给他们时间去长大。苛刻、挑剔、评判性的眼光只会让孩子感到内心不舒服，尤其是青春期的孩子，更容易对此产生抵触，而真诚的夸奖、鼓励和宽容则更容易激发孩子内心的力量，带领孩子往好的方面发展。难怪有人说，如果要批评孩子的一个缺点，要先指出他的五个优点以达成平衡。我们做父母的需要练就一双慧眼，能够及时地看到孩子的长处，大大方方地、言之有物地、真心地夸奖孩子。

（五）慎用惩罚

根据操作学习原理，除了强化，还有一种能够影响行为的作用方式就是惩罚。仍以驯兽为例，如果动物做出错误的行为，训兽员将给它一个不好的刺激（比如鞭打），这个刺激将减少它再次做出该行为的机会，这个过程就是惩罚。在家庭生活中，惩罚是一种常见的管教方式，从罚抄生字、背课文、做数学题，到没收游戏机、剥夺看电视时间、关小黑屋、禁足、体罚等不胜枚举，其目的是减少孩子的不良行为。俗语说"三天不打，上房揭瓦"，对于很多"70后""80后"来说，挨打、挨骂是家常便饭，回想起男子单打、女子单打、男女混合双打等场面依然感到心有余悸。如今，这一辈人有不少已经为人父母，当自己的孩子犯错时，惩罚几乎成了很多人的本能反应。惩罚的确经常可以收到立竿见影的效果，特别是对于幼小的孩子，打一巴掌、训斥几句他就害怕了、老实了；罚他做什么事情，尽管不情愿，也会乖乖地去做。但从长远效果看，惩罚的弊端则非常明显。

第一，惩罚的目的主要是减少不好的行为，但对增加好的行为则没有什么帮助。比如，让孩子机械性地重复简单枯燥的学习内容只会增加他们的厌烦情绪，无助于激发学习兴趣和主动学习的意识，无助于提高学习能力。第二，惩罚主要是针对表面的行为表现，并没有解决深层的观念、态度方面的问题，因此往往是按下葫芦浮起瓢，一个问题行为刚被制止，马上又出现了一个新的问题行为。比如，家长没收了孩子的游戏机，他可以看漫画书；不让孩子出去找同学玩，他可以在家里短信聊天，家长则忙得像消防员一样到处灭火。第三，惩罚容易引起孩子恐惧、愤怒、疏离等负面心理反应。特别是当家长的惩罚过于严厉，又没有耐心地解释原因的时候，孩子内心原有的歉意、愧疚反而被抛到脑后，他们可能会觉得父母不公平、不讲道理、不理解自己，可能会为自己因受惩罚而错过的东西（如同学的聚会、玩具、好吃的……）感到遗憾、惋惜，或者感到愤怒，并沉浸在报复父母的种种幻想之中，而这些都使他们无法倾听自己内心的声音、认真反思自己究竟错在哪里，因而不能真正改掉错误，或吸取教训、从错误中学习。惩罚还可能使孩子害怕父母或尽量避免与父母接触，这样一来，亲子之间的关系被破坏了，亲子之间的交流渠道不再畅通，家庭教育也就失去了赖以生存的土壤。第四，很多时候，家长是在自己情绪失控的状态下施加惩罚的，例如有些家长遇到不顺心的事情时会大发脾气、打骂孩子。这样做的危害很多：一方面，在冲动之下，家长往往掌握不好轻重，容易给孩子带来身心伤害，有些极端个案甚至到了虐待儿童、触犯法律的地步；另一方面，家长在情绪失控状态下的非理性行为对孩子有强大的示范作用，孩子会模仿父母的行为，用大喊大叫、发脾气以及攻击性行为来解决自己遇到的问题、应对有压力的情境。第五，随着孩子长大，惩罚的效果将越来越差。特别是进入青春期以后，家长会发现孩子不再吃这一套，你无法强迫他去做他不想做的事情，他们已不再是打不还手、骂不还口的小孩子了。面对孩子的反抗、叛逆，家长要么束手无策，要么使用更加严厉、更具伤害性的应对方式，使亲子之间的矛盾冲突不断升级，以致达到无法收拾的地步。总之，惩罚尽管可能短时有效，但从长远来看，其潜在的问题很多，因此家长不要过度依赖惩罚，不应把它作为主要的管教手段。

（六）通过承担后果来学习

孩子应该承担他自己行为的后果，他们从后果中学习到的东西往往比惩罚或者父母的唠叨要多得多。我儿子一岁半的时候，有一天，我在厨房收拾饭菜，他待在我旁边，也许是因为无聊，他开始玩橱柜的门，不停地打开又关上。我对他说，"不要再玩这个门了，会碰到头的。"他好像没听见一样，还在继续玩，不一会儿果然碰到了头，看样子碰得还不轻。小家伙似乎明白是因为他自己的错才碰疼的，所以忍着一声都没有哭，走过来抱住我的腿。我也没有再批评他，只是把他抱起来，在他额头上吹了吹，说，"过一会儿就不疼了，去客厅玩吧，妈妈很快就可以陪你了。"然后，他就玩自己的玩具去了，再也没有动过那个橱柜门。可见，即便是一岁多的宝宝也懂得好赖，也是可以从后果中学习的。

家长需要教给孩子，他的行为总是与结果连在一起的，他有权利选择做什么事情，也要承担该行为的后果，比如早上起床晚了，上学就会迟到；没有把作业做完，只好错过与同学的聚会等。如果家长动辄代人受过或者曲意通融，使孩子免于承担后果，那么孩子将失去从经验中学习的机会。有人打过一个比方，设想你和孩子走在颠簸崎岖的山路上，你提醒孩子注意路上的石块、树根，但如果孩子每次不小心要被绊倒的时候，你都上前扶住他，他不论怎样的漫不经心都不会跌倒，那么他会在意你的提醒，并且掌握行路的技巧吗？因此，在健康、安全得以保证的前提下，一些痛苦、挫折、不方便、遗憾比家长的唠叨、抱怨甚至惩罚将教给孩子更多的东西。另外，当孩子自食其果的时候，家长实际上把自己从问题情境中抽离出来，家长不是惩罚的施加者，孩子也不是受害者，孩子不会觉得家长在故意刁难自己，也不会抱怨家长没有照顾好他们。再遇到类似的情境时，如果想避免负面的结果，他们需要做出更为明智的选择，这也是在培养他们对自己负责的态度。

（七）直接的教导与训练

孩子从小到大有许多本领是从父母那里学到的，从这个意义上说，父母的确是孩子的第一任教师或者教练。家长不妨开列一个清单，写下当孩子18岁离开家上大学的时候，你希望他具备的生活技能。各个家庭见仁见智，清单的具体内容一定不尽相同，但大致包括衣、食、住、行、财务管理等几类。然后再根据孩子的发展特点把这些任务分散到各个年龄阶段，有计划地培养、训练。比如，孩子两三岁时可以学习自己吃饭、穿衣、上厕所；四五岁时可以学习叠衣服、叠被子、收拾房间；六七岁时可以收拾餐桌、摆放碗筷，可以和家长一起去超市采购日常生活用品；八九岁时可以帮助刷碗、倒垃圾；十一二岁可以学习使用洗衣机、管理自己的零花钱；十二三岁可以学习做简单的饭菜、可以尝试做义工服务社区；十四五岁可以尝试做一些有偿的工作；十六七岁可以学习开车（在美国）等。具体在什么时间学习什么东西因人而异，重要的是，家长要有意识、有计划地培养训练孩子的生活技能。在有些家庭里，父母、祖父母一共 6 个大人外加保姆围着一个孩子转，生怕孩子累着、伤着，或者怕孩子耽误功课、浪费时间，孩子过惯了衣来伸手、饭来张口的日子，不要说油瓶子倒了不扶，好多孩子根本都不知道油瓶子在哪儿。作为家长，我们不要等着将来孩子啃老的时候再来抱怨他们四体不勤、五谷不分，而是应该抓住时机，从小培养他们的独立生活能力。前面讲到，两三岁是孩子开始发展自主性的时候，他们对周围世界充满了探索的动力，愿意尝试自己做事情，家长正好可以利用这种主动性，耐心地训练他们的生活技能。家长可以把对生活技能的训练融合在一些有意思的小游戏里，鼓励他们尝试适合年龄水平的活动、强化他们做得好的地方、容忍他们的不足。功夫不负有心人，没有哪个孩子天生就十八般武艺样样精通，每一个衣帽整齐、自食其力的标致青年背后，都站着默默付出十几年的有心的家长。

（八）留意自己和孩子的能量状态

家长要擅于觉察自己和孩子的能量状态。特别是幼小的孩子，当他们受到过多的刺激（比如长时间在嘈杂、混乱的场合）或者过度疲劳的时候，他们往往控制不住自己的情绪和行为。更糟糕的是，这个时候通常也是父母疲惫不堪、易被激惹的时候，孩子的喊叫、哭闹如同踩在父母的神经上，简直要把人逼疯了。作为三个孩子的妈妈，我对此深有体会。有一天我们带着孩子去朋友家聚会，人很多，很热闹，我们玩到晚上 11 点多，回到家里时已是人困马乏。我忙着收拾东西、安置两个女儿睡觉，爸爸带 2 岁的儿子去洗漱。可是儿子躺在地上不起来，嚷着不要爸爸，要妈妈陪着洗漱。我闻声赶来，看到赖在地上哭闹的儿子，怒从心头起，一把把他从地上拽起来，正想给他一顿教训，忽然发现孩子的眼睛一点儿神也没有了，我连忙坐下，把孩子抱在腿上，轻轻抚着他的后背，亲亲他的额头，他只说了一声"妈妈我爱你"，就闭上眼睛睡着了。大人、孩子都睡个了好觉，就这样避免了一场错误的战争。

并非所有的问题情境都有教育契机，当小孩子因为过度疲劳而做出不适当的行为时，最应该做的不是纠正错误，而是给他爱抚、温存，帮助他放松下来，好好休息。你会发现，一觉过后，那个问题已经不存在了。对家长来说，在筋疲力尽的状态下最容易做出冲动的行为，或者说出令自己后悔的话，而不当的管教方式只会带来无谓的眼泪、争执和伤害，对孩子并无益处。因此，如果家长意识到自己的能量极度不足，不一定非要在这个时候和孩子较劲，在保证孩子安全的前提下，不妨先让自己从问题情境中暂时撤出来，听听音乐、洗个热水澡、吃一点儿东西，或者小睡一会儿，给自己充充电。等你的能量水平恢复了，你会有更好的判断力和决策能力，再来对付问题也不迟。

（九）执行规则的技巧

前面谈到"立规矩"的重要性，而有了规则之后，怎么执行规则也是有窍门的。家长既不需要像警察执法一样老是板着面孔，也不需要像《大话西游》里的唐僧一样唠叨个没完。在本章的最后，让我们以前面提到的几个情境为例来讲讲执行规则的技巧。

对于爱吃零食的杰杰，如果你每天在她耳边说"晚上刷完牙就不能再吃糖了，那样对牙齿不好"，她一定觉得你烦死了。因此不妨换一种方式，在睡觉前和她玩一个游戏。比如，你拿着一个玩具小熊当孩子，让杰杰当妈妈。你摆弄着小熊说："妈妈妈妈，我要吃糖。"杰杰会学着妈妈的样子跟小熊讲道理。有了这样一个轻松有趣的游戏，杰杰自然就不会再吵着吃糖了。而且对于孩子来说，父母的关注、亲子之间充满爱意的交流往往能比糖果带给他们更多的满足。

吃饭时间到了但还在玩小汽车的亮亮，他之所以对妈妈的提醒没有反应，可能是因为他玩得太投入，如果妈妈是从很远的地方喊他或者房间比较嘈杂，他确实没有听见，当然，也有可能是他还没有玩儿够，不愿被打扰，所以假装听不见。因此，家长不必急于给孩子扣上"没长耳朵""不听话""贪玩儿"等帽子，只需要在吃饭之前几分钟走到亮亮身边，拍拍他的肩（提起他的注意），跟他聊几句他的游戏，甚至陪他玩一小会儿，然后说，"还有 5 分钟就吃饭了，待会儿妈妈再来叫你，你和我一起去洗手、吃饭，你帮着拿碗，好吗？"等他回答之后你再离开。由于有了预备时间，等你再来叫他的时候，他不会觉得特别突兀或者被打扰，通常就会跟着你一起走了。如果孩子还是没玩儿够，不肯走，家长也不必着急、发火，对于 3 岁左右的孩子，特别是平时有非常亲密的亲子关系作为基础，你只需要轻轻拉着他的手，说，"这个游戏很好玩，吃完饭以后妈妈可以和你一起玩。我们先去洗手吧，看看妈妈做了什么好吃的。"边说边领着他去洗手，通常孩子会跟着你一起走的。还有一招儿是我比较爱用的，屡试不爽，就是走到孩子旁边，假装摔倒，然后用夸张的声音说，"哎呀，妈妈都饿得不行了，走不了路了，你快扶我去吃饭吧……"一般来说，搞笑逗趣、不惜出洋相的大人对小孩子是最有吸引力的，在嬉笑声中，许多问题都会迎刃而解。

对于不爱收拾房间的冰冰，家长可以在乱放的玩具上面留一张卡片，以玩具的口吻写几句话，像"我们昨天晚上迷路了，请你把我们送回家好吗？拜托了！"不用你费什么口舌，孩子通常会把玩具收好。等他收好之后，别忘了夸奖他，或者替玩具们写张卡片谢谢他。

最后再说说不讲礼貌的晶晶。改掉一个坏习惯远远不如从一开始就养成好习惯。好习惯的养成大致可以从几个方面入手。一个是家长的榜样作用，爸爸、妈妈、爷爷、奶奶之间说话的时候都是和气有礼的，孩子也会学着这样做。还有直接的教导，从孩子学说话开始，就教给他礼貌用语，教给他怎样请求帮助、怎样感谢等，和他一起阅读相关的小故事，通过做游戏来练习使用礼貌用语，对他好的表现给予强化。当他说了不礼貌的话时，及时指出来，请他试试怎样能说得更好。如果能从小培养讲礼貌的习惯，到孩子七八岁时，家长应该不会再为此烦恼了。

关于执行规则的技巧还有很多，只要你肯动脑筋，总能变化出新的花样。但万变不离其宗，那就是无条件的爱的原则。家长们不必迷信或拘泥于书本上（包括本书）介绍的方法、诀窍，从爱的原则出发，每个家长都能摸索出适合自家孩子的教养策略，经过岁月的打磨和实践的检验，这些策略将变成一个个鲜活的故事，长留在家长和孩子的心里，成为宝贵的人生财富。

以上讨论了家长如何抓住生活中的教育契机、运用适当的方法培养各个年龄阶段孩子的生活习惯与生活技能。良好生活习惯与生活技能的养成对亲子双方都是大有裨益的。对家长来说，养育孩子的过程将更为轻松、愉快，家长将获得更多的成就感和满足感。对孩子来说，他们将在生活中表现出更多的自信、自律、自控、决策能力，以及为自己的选择负责任的态度，将更有效地安排自己的生活、应对挑战、解决问题，为将来独立生活打下坚实的基础。

第七章

情绪管理能力

（Hope Zhang）

    情绪如同生命中的颜色和音符，如果没有了情绪，生活该是多么枯燥、乏味，人生该是多么寂寞、无聊。同时，情绪又与我们生活中的方方面面相关联。正如音符若不循章法，乐曲必呕哑嘲哳，颜色若肆意泼洒，画面将凌乱不堪，情绪如果不加调节和控制，生活也将陷入混乱和低效。环顾四周，你会发现，有些人感恩于事业顺利、家庭和美、亲朋环绕；有些人却总是抱怨生不逢时、遇人不淑、众叛亲离，造成这种不同境遇的往往不是前者比后者聪明多少，而是他们在情绪管理能力上的差异。那么，情绪在人们的心理发展和日常生活中到底起着怎样的作用，它是如何随着人的年龄增长而发展的，人与人在情绪能力上为什么会如此不同，家长应该如何促进孩子的情绪能力发展，为什么有些孩子比其他孩子更难对付，家长应该如何与不同气质特点的孩子相处？下面，我们将谈谈这些问题。

（一）情绪的功能

人们每天都体验着各种情绪，它可以是疾风骤雨式的，如暴怒、狂喜、轰轰烈烈的爱；也可以是润物细无声的，如母亲怀抱熟睡的婴儿时内心的甜美；它可以是积极的、正向的，比如喜悦、兴趣、热情、爱意；也可以是消极的、负向的，如愤怒、焦虑、悲伤、罪恶感。不要小看这些情绪体验，它在人的心理发展和日常生活中扮演着重要的角色。

第一，情绪可以组织、管理人的行为。例如，当一个小孩子最初开始学习钢琴、游泳或者其他技能的时候，如果老师和蔼可亲，给孩子很多鼓励，家长也很有耐心，对孩子比较宽容，孩子在学习过程中则更容易感到愉快，这种愉快的情绪将增加孩子的自信心、激发他的兴趣和学习动机，从而使他愿意投入更多的时间、精力去学习、练习。相反，如果老师非常严厉、刻板，让孩子望而生畏，家长又总是唠叨或者批评，孩子则会产生厌烦、压抑、焦虑等负面情绪，这些负面情绪使孩子从内心反感、抗拒学习，因此总是找机会逃避学习任务。总之，孩子选择做或者不做什么事情、投入多少努力在很大程度上受到他们的情绪状态的影响。

第二，情绪影响人的认知加工过程。认知加工包括注意、记忆、思维、问题解决、以及制订计划、监控管理、做决策等，这些过程的效率如何与人的情绪状态有着密切的关系。以记忆为例，人生几十年，卷入记忆长河的东西不计其数，而其中最刻骨铭心的往往是曾唤起过自己强烈的情感的那些人、事或场景。对儿童来说，他们的学习、记忆也会受到情绪的影响。有个研究考察了儿童对两类事物的记忆，一类是他们很感兴趣的、能唤起愉快体验的东西，一类是比较枯燥、令人不感兴趣的东西，结果发现他们对前者的记忆明显好于后者（Renninger, 1992）。情绪还可能干扰人的思维、决策。一个人在平时可能非常擅于思考、推理，但如果陷入强烈的负面情绪而又对此缺乏有效地调节、控制，他的头脑之中则仿佛发生了短路，理性的思考、决策无法正常进行，人沦为情绪的奴隶，任由负面情绪的驱使做出各种冲动行为。比如在机场、车站、商场、医院等公共场所，常可以看到有人为一些琐事争执起来，在暴怒之下大打出手或者恶语相加，完全不顾及自己与对方做人的尊严和这些攻击行为带来的破坏性后果；有些人因为失恋、吵架、工作不顺心等而伤心、失意的时候，暴饮暴食或者疯狂购物；父母生气的时候会对孩子大发脾气、打骂孩子；孩子生气的时候会顶撞父母、老师，与人打架；还有些人在极度抑郁、痛苦的状态下，会出现故意伤人、自残甚至自杀行为。这样的例子不胜枚举，当事情平息下来以后，很多人会为自己冲动的言语、行为感到惭愧或后悔，但有些伤害、损失是无法弥补的，令人痛心疾首、追悔莫及。总之，情绪的调节、管理能力影响着人们如何看待事物、解决问题、应对挑战，一个情绪发展成熟的人在生活中往往能更好地发挥自己的优势，即便在困境中也更容易逢凶化吉、遇难呈祥，而情绪发展不成熟的人往往会激化矛盾，使自己陷入更大的困境。

第三，情绪影响人与人之间的交往和人际关系的质量。比如，对于不会说话的婴儿来说，情绪反应是他们与父母交流的法宝，他们的一个笑容、一声啼哭都会引起父母的注意。随着经验的积累，父母将越来越理解他们的状态和需求，并做出相应的反应。当父母微笑着与婴儿说话的时候，婴儿通常也会报以微笑并几声咿呀，受到鼓励、强化的父母则会继续微笑着和婴儿说话，亲子之间这样一唱一和，好像真的在聊天一样。情感在这样的交流中起着催化剂的作用，而交流又反过来促进亲子之间亲密的情感联系的发展，即我们前面谈到过的依恋关系。研究发现，那些经常通过笑、哭、咿咿呀呀来与父母交流的婴儿比缺乏这种交流的婴儿更容易与父母建立健康的依恋关系（Tronick 等，1982）。而这种依恋关系正是婴儿建立对周围世界的安全感、信任感的基础，健康的依恋关系与以后更好的认知、社会性发展是相连的。对于大一些的孩子，他们与家长、老师、同学、伙伴等的交往也同样受到情绪体验的影响。积极的情绪体验可以发起或者维持人与人之间的交往，消极的情绪体验可能会终结人与人之间的互动。比如，一个小孩子因为同伴抢走他的玩具而难过、生气，他可能会一连好几天都不愿意再和那个孩子玩，直到那个孩子还回了玩具，向他道歉，并且带来了自己的玩具和他一起玩，他才高兴起来，原谅了那个孩子，两个小伙伴就又玩在一起了。即便对于成年人，也是如此。从一个人外在的情绪反应往往可以窥见其内在的性格特点，在某种程度上，性格特点影响着一个人的社会交往模式。一般来说，开朗、乐观、谦逊、随和的人令与之相处的人如沐春风，带给人喜悦与安宁，让人自我感觉良好，满足人情感上的需要，因此人们更愿意与这样的人交往。有些人的情绪大起大落，变脸比变天还快，刚还有说有笑，一有不如意就大发脾气，有一些人的心里装着满满的负能量，总是在批评、抱怨世界如何不公、自己如何不幸、别人如何对不起自己，还有些人有明显的自我中心倾向，气人有、笑人无，从不顾及别人的感受和需求……与这样的人相处久了会拉低自我感觉，让自己的心情也随之变得灰暗，因此人们对这样的人通常敬而远之，毕竟，谁也不愿意做他们情感的垃圾桶。总之，对情绪情感的理解能力和调节管理能力影响着人们在生活中的方方面面，特别是能否收获温馨和睦的家庭关系、亲密的朋友之情以及事业上顺利的沟通合作等，因此情绪能力的培养是儿童发展中一个重要的主题。

（二）儿童情绪能力的发展与培养

谈到情绪能力（emotional competence），大家可能会想到一个耳熟能详的相关概念，情绪智力（emotional intelligence），它的测量结果被称作情商（Emotional quotient），简称 EQ。20 世纪 90 年代初，研究者提出了情绪智力的概念，即准确地感知和表达情绪，理解情绪及其相关知识，利用情绪情感促进思维，以及管理自己和他人的情绪的能力（Salovey and Mayer, 1990）。后来，Goleman（1995）写了一本书，书名就是《情绪智力》，使这一概念变得家喻户晓。此后，研究者和大众一直对其兴趣不减，相关的书籍、培训班层出不穷。同时，也有批评者提出，情绪智力将智力这一概念的外延推得过远，以致缺乏应用价值，而且关于如何准确测量情绪智力方面的研究还远远不够。我们在这里要谈的情绪能力与情绪智力相关，所不同的是，它不关心情绪智力是否是智力的组成部分、二者有什么关系、EQ 与 IQ 哪个更能预测人的成功等问题，它更关注在社会情境中（比如家庭、学校、工作单位），与情绪体验有关的一系列技能的发展（Saarni, 1999, 2006），包括：（1）能够觉察、分辨自己或他人的情绪体验，比如当自己或者别人情绪低落的时候，能够区分这是难过、焦虑，还是害怕；（2）能够以适当的方式使用相应的词汇来描述情绪状态，比如当一个孩子受到老师批评的时候，他心里想，"明明不是我的错，还说我，真可气，老师还当着全班同学的面批评我，多尴尬呀。"（3）对别人的情绪、情感反应敏感，并且能够表示出同情和理解，比如孩子看到妈妈下班回到家后一句话也不说、一脸不高兴的样子，会安慰妈妈说，"怎么了，你是不是不开心了，有谁惹你生气了？"（4）能够明白一个人内心的情绪体验可能和他外在的表情不一致，即我们常说的戴着面具、喜怒不行于色等；（5）能够有效地管理自己的负面情绪，使自己尽快从负面的情绪状态走出来，比如孩子想玩一个玩具但又得不到，他可以转移注意力，先去玩一个别的东西，而不让自己沉浸在得不到的痛苦之中；（6）明白情绪的表达将影响人与人之间的关系，比如一个小孩子明白如果他老是对小朋友发脾气，小朋友就不会再跟他玩儿了；（7）总体上自我感觉良好，能够有效地应对有压力、有挑战的情境。

研究发现，随着孩子情绪能力的提高，他们将越来越擅于管理自己的情绪，更加从容地面对生活中的压力和挑战，与周围的人建立起更加亲密、融洽的关系（Denham 等，2007）。那么，儿童的情绪能力是如何发展的，家长又在其中起到什么样的作用呢？

情绪的发展和人的社会化过程是交织在一起的，情绪的表达、理解和管理都离不开社会环境中人与人的交往。对一个孩子来说，他的情绪能力如何与他从小成长的家庭环境和亲子之间的交往方式有着密切的关系。下面，我们就来看看不同年龄阶段的孩子是怎么在与父母的交往过程中发展其情绪能力的。

1. 婴儿期

情绪发展的大部分基础是在生命的第一年中打下的。不要小看婴儿期的宝宝，当他们还不会说话、不会走路的时候，已经开始以非言语的方式释放大量的情绪情感信息，与父母交流了。笑和哭是婴儿期最重要的情绪表达，婴儿通过笑和哭告诉父母自己的身体状态，向父母表达自己的需求，又通过父母的反应感知周围的世界，在这个过程中，父母和婴儿都有很多功课要学。

先来说说"笑"。初生的婴儿就会笑了，细心的父母会看到宝宝的嘴角轻轻上扬，露出浅浅的微笑。新生儿的微笑是生理性的，主要发生在快速眼动睡眠期间，也就是做梦的时候，或者生理状态发生变化的时候，比如困了或者刚睡着的时候。大约两个星期以后，婴儿的笑容发生了变化。他们笑起来的时候嘴角咧得更大，嘴会张开，脸颊的肌肉收缩，眼角的皮肤皱在一起。他们这时的笑已经非常到位了，而且是在他们醒着的时候。一般来说，熟悉的话语和声音、甜甜的味道、饭菜的香味都会引发婴儿的笑。到3个月大的时候，婴儿的笑容更多了，特别是当他们看到微笑着的妈妈的时候，通常会报以微笑，这种微笑被称作社会性微笑。从反射性微笑向社会性微笑的转变，标志着婴儿的大脑皮层越来越成熟。如前文说述，社会性微笑在发起、维持社会交往当中起到了重要的作用，因此它的出现被视为婴儿发展中一个重要的里程碑。没有什么比婴儿的微笑更能融化父母的心了。照顾小婴儿是很辛苦的，有时你怀抱着宝宝靠在床头，会不知不觉的睡着，不知过了多久，当你因脖子酸痛而醒来的时候，你看到怀中的宝宝正微笑着看着你，你会突然觉得他不再是一个只知道吃奶、睡觉、需要你为他做这做那的小东西，你会觉得他心里好像什么都明白，他知道你爱他，他也要告诉你，他现在感觉很好，他跟你在一起很享受。在这一刻，你所有的疲惫、担心，所有的不眠之夜，都算不了什么，你为他付出再多也是心甘情愿的。这样想着的时候，你也会对婴儿微笑，跟他轻声说话。而你的反应将反过来强化婴儿的情绪表达，并促进亲子之间发展健康的依恋关系。

与笑一样，哭也是婴儿与父母沟通的重要工具。随着发展，婴儿越来越擅于控制自己的发声方式，能在不同的状态下哭出不同的花样来，告诉父母自己是饿了、生气了、疼了，还是烦了等。每个孩子的哭声都不尽相同，但只要足够用心，父母通常都能学会分辨自己孩子的哭声中所包含的信息，并及时做出适当的反应。哭声还能传递发展异常的信号，比如，营养不良的婴儿的哭声比一般婴儿在声调上的变化要多，缺氧的婴儿通常会发出短促、声调较高的哭声等，因此父母可以从哭声中辨别孩子的发展异常。

婴儿也能表现出一些情绪调节能力，当他们得不到想要的东西或者感觉不舒服的时候，他们会通过吸吮拇指来安慰自己，还可以通过转移注意力，甚至让自己睡着来减轻痛苦。但在这个时期，婴儿主要还是依赖看顾者来安抚他们的情绪，比如轻轻拍着、摇着他们入睡，给他们唱儿歌，轻柔地跟他们说话、抚摸他们等。

在婴儿阶段，有一个问题经常困扰着家长，就是当婴儿哭的时候，家长是否应该马上跑过去哄他、照顾他？如果婴儿一哭就给他关注，会不会把婴儿惯坏了？这个问题在心理学界仍有争论。多年以前，行为主义学者华生（Watson, 1928）提出，父母对婴儿啼哭的反应过于频繁了，父母的反应强化了婴儿的行为，使得他们更爱哭了。后来，研究依恋关系的学者提出了不同的看法（Ainsworth, 1979; Bowlby, 1989），他们认为，对于一岁以内的婴儿，父母怎样反应也不会过于频繁，父母及时的安慰、照顾不仅不会惯坏孩子，相反，对于婴儿建立与父母的安全依恋是非常关键的。研究发现，当婴儿 3 个月大的时候，如果父母对他们的哭声给予及时的安慰，他们大一些的时候将哭得更少而不是更多（Bell & Ainsworth, 1972）。反之，婴儿哭闹的时候，如果父母陷入愤怒、焦虑等负面情绪状态，对婴儿大发脾气将增加婴儿发展不安全依恋的风险（Leerkes 等，2011）。那么，对于婴儿的哭闹，到底是哄还是不哄呢？相信家

117

长会得出自己的答案。特别提醒一下，我们在这里讨论的是一岁以内的婴儿，这和两三岁的孩子通过哭闹争取自己想要的东西不是一回事。

2. 儿童期

一岁半以后，伴随着自我意识的发展，儿童开始体验到一类新的情绪——自我意识情绪（self-conscious emotions），包括骄傲、难为情、嫉妒、内疚等，这类情绪的产生是以儿童能够意识到自我的存在、能够把自己与其他人区分开来为基础的。家长如何对孩子的行为做出反应将影响孩子的自我意识情绪体验。比如，当孩子有什么事情做得不好时，家长的批评、指责，如"你怎么连勺子都拿不好，又把饭撒了？""你都多大了，怎么又尿裤子了？"将使孩子感到难为情或内疚。

儿童期的孩子对情绪的理解和管理能力在不断发展。比如，他们能够根据别人的面部表情识别情绪，大一些的孩子能够知道人的面部表情与内心的真实感受可能是不一致的；他们能够用语言来描述情绪，能够辨别某种情绪产生的原因；随着年龄的增长，他们越来越擅长应对有压力的情境。

在这个时期，家长的教养方式在帮助孩子发展对情绪的理解和管理能力中扮演着重要的角色，特别是当孩子出现负面情绪的时候，比如难过、愤怒、挫折感等，家长应对方式的不同将对孩子情绪能力的发展产生截然不同的影响。有些家长采用驳回、拒绝的方式应对孩子的负面情绪，比如：

"这有什么大不了的，至于那么难受吗？"

"你不是老想和小英一起玩吗？现在好容易见面了，你该高兴才对呀，怎么还生气呢？"

"别理他，过一会儿就没事了。"

"别哭了，马上停下来，不然就回你房间去。"

"你太娇气了！"

"就你事儿多！"

"没看见我忙着呢吗？还在这添乱！"

"为什么哭呀？到底怎么啦？快说！"

……

这些话是不是听着很耳熟呢？当孩子受了委屈、遇到困难、与小朋友发生争执或者摔伤、磕破皮的时候，有不少父母像上面的例子一样，没有耐心地听听孩子的讲述、给孩子一些安慰，或者表示对孩子情绪的理解、同情，而是很武断地否认、拒绝、驳斥、忽视孩子的负面情绪，在理解孩子的情绪之前先给他下一个是非、好坏的判断，或者急于改变孩子的负面情绪，或者追问原因、要求孩子马上给出解释等。当家长这样做的时候，不仅无助于解决孩子遇到的问题或疏导孩子的情绪，还会使孩子的心里觉得委屈和不被理解。特别是对于年龄小的孩子，越是让他们"马上停下来"，他们在负面情绪中陷得越深，越难停下来；越是让他们给出解释，他们越不知从何谈起，从而更加焦虑。研究发现，家长这种驳斥、拒绝的方式与孩子不良的情绪管理能力是相关联的（Lunkenheimer 等，2007）。

其实，孩子表现出负面情绪是再正常不过的事情，父母应该像教练一样，及时捕捉到孩子的负面情绪，并视之为教育契机。研究发现，教练式的父母善于抓住这些教育契机，耐心地听孩子表达他的感受，教给孩子如何为这些情绪命名以及如何有效地应对。通常，教练式父母的孩子遇到困扰的时候，更擅于自我安慰，能更有效地管理负面情绪，更易于集中注意力，较少表现出问题行为（Gottman 等，1997）。还有研究发现，父亲对孩子的情绪训练与孩子的社会能力相关（Baker 等，2011）。那么，如何成为教练式的父母呢？

首先，从孩子两三岁的时候，家长就可以有意识地和孩子聊聊有关情绪的话题，一般可以从命名入手，教给孩子识别当前的情绪（难过、生气、委屈等），用语言表达自己的感受。比如，"星儿搬家了，你不能和他一起玩了，所以觉得难过，是吗?"，"小明把你的小汽车抢走了，你觉得很生气，是吗?"孩子能够为自己的情绪贴上标签，明确地知道自己正在经历的情绪是怎么一回事，是他着手应对负面情绪的第一步。

家长还可以和孩子一起分析一件事情、一个行为可能带给自己或他人什么样的情绪体验。比如，"你那么说让妈妈觉得很伤心。"或者，"如果姐姐不跟你商量就拿走你的彩笔，你会有什么感觉?"小孩子往往意识不到自己的言语、行为会对别人造成怎样的影响，这样的谈话可以帮助孩子更好地理解自己和他人的情绪，学习站在别人的角度想问题，培养孩子的感受能力和同情心。

再有，家长可以和孩子一起想办法解决问题、调节管理负面的情绪，让自己的感觉好起来，常用的策略包括：（1）转移注意力，培养孩子灵活、变通的能力。比如，如果下雨了，不能出去玩，就请小朋友到家里来玩个有意思的游戏。（2）用积极的、安全的方法调节、宣泄负面情绪，比如自己安静一会儿、听音乐、看动画片、读书、画画、向父母或朋友倾诉等，大一些的孩子还可以把遇到的事情写成小故事或诗歌，但不要用那些可能给别人或自己带来伤害的方式发泄情绪。（3）换个角度看待问题情境，为困扰自己的事情找到新的解释。比如，孩子在课间和一个小朋友打招呼，但不被理睬，孩子觉得难过，以为对方不愿意和自己做朋友了。家长可以和孩子一起分析，除了对方不愿意和自己做朋友以外，还有哪些可能性，比如那个小朋友心里可能正想着别的事情，没有注意到他，可能他正忙着做一件事，顾不让打招呼等，这样的练习可以帮助孩子重新解释问题情境，从而摆脱焦虑、难过等负面情绪。（4）教给孩子一些沟通技巧，帮助他们更好地应对冲突的情境。比如，妈妈可以告诉孩子："小明抢走了你的小汽车，你很难过。下次如果他要再来抢，你可以告诉他：'请你先等一会儿，我玩好了就给你。'如果你想和他一起玩，你还可以问他：'我们一起玩好吗？我们可以玩赛车。'"然后，家长和孩子像演小品一样反复演练几次，以后他就知道该怎么应对这种情境了。家长和孩子一起分析、解决问题，不仅可以锻炼孩子的社会交往技能、让孩子更有自信心，也让孩子明白，遇到困难的时候，可以想办法去解决问题，让自己走出困境，而不必沉浸在负面的情绪里无所作为。

当然，有意识地培养孩子的情绪能力并不是件容易的事。父母经常遇到的一个问题是，孩子往往不愿意和家长谈情绪这个话题，对他们来说，哭闹、发脾气显然来得更为容易。因此，和孩子谈话的时候，最重要的是，父母需要有足够的耐心和同情心去理解孩子，对孩子的负面情绪表现出认可和接纳。理解、接纳孩子的负面情绪体验不代表认同或赞许他们的行为，事实上，孩子在这个时候需要的并不是家长的赞许，而是家长能够体会他们内心的感受，表现出同情和关心，并给他们机会让他们把心里的话讲出来。比如，孩子跟小朋友打架以后，回到家里气呼呼地跟家长说："我再也不跟小熊玩儿了，他太可恨了。"家长不必上来就数落孩子："怎么又出去打架了，你怎么就不能好好玩呢？"，或者强求孩子马上摆脱负面情绪："以后不跟他玩就是了，别生气了，再要脾气就是你不对了"，也不必急于盘问："你为什么生气呀？他怎么欺负你了？"这时候，一个关切的眼神，一句简单的"哦，是吗""看起来刚才玩得不开心"这样表示理解的话语，会使孩子的心得到抚慰，从而使紧绷着的神经放松下来，慢慢讲出发生的事情。当孩子感觉到父母关心他们，理解他们的感受，他们在父母这里是安全的，他们就不必启动自我防御机制，与父母对抗、为自己辩解，而是能够开始面对自己遇到的问题，并开始着手解决这些问题。他们会把事情的经过一点点地讲给父母听，并在讲述的过程中不断分析、思考。在很多情况下，不用父母给出任何建议，孩子自己就会找到很好的解决办法。因此，来自父母的理解和接纳是让孩子敞开心扉、应对自己的情绪困扰、解决问题的前提。

3. 青少年期

如前文所述，与成年人相比，青少年通常经历到更多的极端情绪。研究发现，青少年所经历到的非常开心和非常不开心的次数分别是他们父母的 5 倍和 3 倍之多（Rosenblum 等，2003）。同时，由于青少年的神经系统尚未成熟以及体内激素的剧烈变化，他们有时会表现得非常情绪化，心理防御机制也比较强，有时会莫名其妙地对家里人发脾气，有时又会郁郁寡欢，不知如何排遣自己的情绪。对于青少年的父母来说，非常重要的一点是，要知道这个孩子不是突然变坏了，不是不爱你了，这种情绪上的变化只是他们成长过程的一部分，是正常现象，大多数的青少年或早或晚总会走出这个阶段。因此父母不必为孩子担心，也不必跟他们生气、较劲。当他们想要跟你倾诉心事的时候，准备好满满的耐心和一副善听的耳朵，认真倾听他们的诉说，不要急于跳出来指责他们的不足，除非他们要求，也不必提供建议，只需要给予关注、理解和接纳。在孩子向家长诉说心事的过程中，他们的心情将渐渐平复，思路将渐渐明晰，往往不等家长给予建议或指导，孩子自己就找到解决方案了。即便他们的解决方案不那么奏效也没有关系，他们自己会总结经验教训，经过反复的捶打、试练，他们会愈加擅于调节管理自己的情绪，愈加成熟。家长只需要让孩子知道，不管面对着什么，爸爸妈妈都站在他这一边，会义无反顾地支持他、陪伴他，为了他不退半步。当孩子与家长之间有亲密的、相互信任的关系时，他做事的时候通常会认真权衡，而不会触碰底线。如果他的情绪过于激烈，无法正常地交流，特别是当他用不尊重的方式对待父母的时候，父母需要明确地告诉他，爸爸妈妈都愿意帮助他，好好说话可以让爸爸妈妈更好地了解他遇到的问题，不尊重的语言在这个家里是不被允许的。在这个时候，家长跟孩子发脾气只能火上浇油，不如多做几个深呼吸，离开现场，给双方一些时间，等大家都平静下来再谈。

当然，并不是每个孩子都会经历疾风骤雨式的青少年期，一般来说，充满爱的、温馨的家庭环境，父母与孩子之间有安全、健康的依恋关系，父母从小培养孩子的情绪能力等，都有助于孩子平稳顺利地度过青少年期。

除了家庭氛围以及亲子交往模式以外，每个孩子的气质类型也会影响他的情绪体验及其与父母的交往。下面，我们将谈谈气质这个话题。

（三）儿童的气质特点与亲子交往

需要说明一下，这里所讲的气质和网络流行语"主要看气质"里的气质不是一回事。我们要说的气质（temperament）是情绪发展领域的一个概念。前面我们谈到人有各种情绪体验，比如高兴、难过、生气等，这些通常是暂时的、一过性的情绪、情感状态。遇到高兴的事，我们会笑一笑，但一般来说，我们不会傻笑一整天。与之相对，气质指的是比较稳定的、持续性的情绪、情感状态。比如，我们在描述一个人的时候，可能会说这个人热情、开朗、阳光，或者神经大条、没心没肺，或者胆小、退缩、容易焦虑，或者脾气火爆、爱冲动等，这其实就是在描述人在气质类型上的不同。

人在气质类型上的差异被认为是天生的，从婴儿期就可以辨别出来，而且气质类型通常比较稳定，不会随时间、情境的变化而发生很大的改变（Rothbart 和 Bates，2006）。自 20 世纪 50 年代末以来，心理学家对气质类型及其对以后的成长发展、社会适应、人际交往等的影响做了大量研究。研究者从不同的角度提出了气质的分类方法，这里介绍两种影响比较大、对家长来说具有指导意义的分类。其一是 Chess 和 Thomas 的分类，他们经过一系列经典研究（1982，1990，1991），将气质分为三类：容易型（easy）、困难型（difficult）和慢热型（slow-to-warm-up）。大约有40%的孩子属于容易型，他们通常比较平静、愉悦，从婴儿期开始就比较容易养成吃饭、睡觉的规律，不易生气或烦躁，面对新异事物的时候比较放松、抱有好奇心和积极的态度，对于生活中的变化——新的环境（例如，搬到新的小区）、不熟悉的人（例如，换了新老师）、新的生活常规（例如，升入高年级，有了新的作息时间表）等适应较快。总之，给这样的孩子当父母是一桩美差事，不管刮风下雨，孩子照样茁壮成长，他们经常能带给你成就感，让你觉得自己是世界上最棒的家长。如果说容易型的孩子像是来找父母报恩的，那么困难型的孩子则像是来找父母报仇的。大约有10%的孩子属于困难型，总体来说，这些孩子的情绪状态是消极的，他们容易烦躁、经常哭闹，哭的声音很大，而且经常一哭起来就没完没了，他们吃饭、睡觉不易形成规律，容易紧张，面对新异事物的时候容易退缩，不喜欢新的环境、不熟悉的人或者新的生活常规，很难适应生活中的变化。总之，这样的孩子经常带给家长挫败感，家长觉得自己已经被孩子折腾得精疲力尽了，但似乎还是怎么也弄不对。还有15%的孩子属于慢热型，乍看起来，这些孩子与困难型的孩子相似，经常处于消极的情绪状态，在新异事物面前容易表现出退缩等，但如果给他们机会反复接触不熟悉的人、事物或新环境，他们通常能够渐渐放松下来，并且表现出兴趣，慢慢开始参与，他们只是比容易型的孩子需要更长的预热时间。其余35%的孩子属于混合型，他们不像前面几类孩子那样特点鲜明，在不同的场合和条件下，表现也有所不同。另一种气质分类方法是由 Kagan 及其同事提出来的（Kagan 等，1984，1988），他们发现，面对不熟悉的人或事物的时候，孩子通常表现出两种反应倾向，一类是胆小、羞怯、压抑、缩手缩脚或者惧怕，另一类是兴致盎然、大大咧咧、自然率性、随和友善，前一类孩子被称作抑制型（inhibited），这些孩子与前面谈到的困难型的孩子比较相像；后一类孩子被称作非抑制型（uninhibited），这些孩子与前面谈到的容易型的孩子比较相像。Kagan 的研究还发现，气质类型具有一定的持续性，孩子在婴儿期表现出来的气质特点将持续到儿童期甚至青少年期。

人在气质上的差异是有生物学基础的。例如，研究发现（Woodward 等，2001），让孩子从坐姿变为站姿的过程中，与非抑制型的孩子相比，抑制型的孩子表现出更为明显的心脏反应和血压增高，骨骼肌肉的紧张程度也更高。在青少年期，抑制型孩子的脑干对听觉刺激的反应更为强烈。研究者认为（Kagan 等，1993），大脑边缘系统中负责情绪控制的部分在反应性上的差异很可能是气质类型差异的根源。还有研究对比了亲子之间，以及同卵双生子、异卵双生子之间在气质上的差异，提出遗传因素对人的气质特点也有一定的影响。

那么，儿童早期所表现出来的气质特点对其以后的成长发展是否会有影响呢？俗话说，三岁看大，七岁看老。研究发现还不止于此，人在远比三岁更早的时候所表现出来的情绪特点即已与其以后的发展相关了。例如，那些在 3 个月大的时候经常处于负面情绪状态中的婴儿在 4 岁的时候通常具有更为薄弱的认知能力（Lewis，1993）；在婴儿期表现出较多愤怒、挫败感的孩子在六七岁的时候通常表现出更多的攻击性（Rothbart 等，1994）。3岁的时候具有更多的负面情绪反应、较短的注意持续时间和较大的情绪波动的孩子在青少年期通常更容易表现出多动、注意障碍和反社会行为（Caspi 等，1995）。研究还发现，不同气质类型的孩子能够激发出家长、老师以及同伴对他们的不同反应模式（Chess 和 Thomas，1991）。容易型的孩子总在向周围散播正能量，给身边的人以奖赏或回报，因此人们也更倾向于以积极的方式和他们打交道，这些孩子在经历各种人生变迁或转折的时候仿佛总有贵人相助，不论是上学、工作，还是交朋友、建立家庭，通常会经历比较顺利的过渡，能够更好地适应新环境；与之相反，困难型和慢热型的孩子通常更易于引发周围人的消极反应，在适应新环境的时候也会遇到更多的困难。总之，儿童早期所表现出来的相对稳定的情绪反应倾向对其以后的认知、社会性发展都有着深远的影响，早期的气质类型与成年以后的行事、为人风格有着密不可分的关系。

有关气质的研究带给我们最大的启示就是，孩子在情绪反应倾向上生而不同，有的孩子好带，有的孩子难缠，有的孩子像开心果，有的孩子像炸药包，这些差异不是父母的教养方式造成的，因此家长不必为孩子的负面情绪反应、胆小、退缩等过分自责。有些家长可能会感叹，"为什么我这么倒霉，摊上一个难带的孩子？"这也大可不必。我们不愿孩子抱怨为什么我们没有别人家的父母那么有钱、有地位、有学识，那么，我们也不要抱怨为什么自己的孩子不像别人家的孩子那么健康、聪明、活泼可爱。正如孩子不能选择出生在什么样的家庭，父母也无法选择生出个什么样的孩子，这应该算是公平的吧。那么，一个负面情绪反应倾向明显的孩子是否注定会胆怯、退缩、没有朋友、适应不良、命运多舛呢？其实不然。孩子的气质特点在多大程度上、以何种方式影响他的生活将受到父母的教养方式的调节。根据良好匹配理论（goodness of fit），当孩子的气质特点与他需要面对的环境要求相匹配的时候，是最有利于孩子的成长发展。例如，研究发现，对于那些易激惹、经常哭闹的孩子，久而久之，家长可能会习以为常，选择不予理睬，或者试图强迫他们"乖一点儿"，这些方式无助于改善孩子的情绪反应。研究者为这类孩子的母亲提供了专门的训练和支持，当她们对孩子的需要更为敏感、能够更为及时、灵活地做出反应以后，亲子之间的交往质量大大改善了，孩子的负面情绪反应也降低了（van den Boom, 1989; Bates, 2012）。有些孩子喜欢热闹，也有些孩子在嘈杂、纷乱的环境中却容易感到烦躁不安，对于后者，家长需要有意的与孩子一起营造整齐有序的环境；面对新事物的时候，有些孩子自来熟，很快就能适应，也有些孩子需要比较长的预热时间，对于后者，家长则需要付出更多的耐心，把适应任务分解为多个环节，反复尝试、慢慢进入；有些孩子比较独立、喜欢自己尝试新的任务，家长需要更多的放手，让孩子自由探索；也有些孩子希望从大人那里获得安全感和指导，因此家长需要在他们身边多陪一会儿，慢慢地放手。每个孩子都有各自的特点，因此没有哪一种教养方式是放之四海皆准的，家长应该理解、接纳并尊重孩子之间的差异，尽可能了解自己孩子的特点，积极地探索适合自己孩子的教育方式，即所谓因材施教。另外，家长不要轻易为孩子贴上"困难型"的标签，因为当你对孩子有了一个"困难"的预期时，你的行为方式更容易引发孩子的"困难"表现，即预言的自我实现（self-fulfilling prophecy）。总之，有些孩子确实会为家长带来更多的挑战，但这不意味着他们只能一直困难下去。他们也许不能突然变成一个热情奔放或者乖巧柔顺的人，但他们可能会心思缜密、敏感细致；他们可能成不了外交家或管理者，但也许能成为艺术家或作家；他们一样拥有爱的能力，可以应对生活中的任务和挑战，在他们成长的道路上，家长是大有可为的。给他们做家长，也不全是一桩苦差事，就像那首著名的诗《牵一只蜗牛去散步》里写的，也许你曾抱怨、难过，甚至绝望，但当你陪着他一路走过来的时候，你会发现蜗牛带着你看到了不一样的风景，你会感恩，"原来上帝叫蜗牛牵我去散步"。

以上谈到了情绪在人们生活中作用、情绪的发展、父母如何培养孩子的情绪能力以及父母如何与不同气质类型的孩子相处等问题。情绪影响着人们如何思考、看待问题，如何与他人交往以及建立人际关系，如何对人和事物做出判断和决策……总之，情绪对人的影响渗透在生活中的方方面面，情绪能力的高低直接影响着人们的生活质量、工作效率、幸福感和满意度。情绪能力的发展与人性格的形成，以及安全感、自信心、兴趣、毅力、自我控制等方面品质的培养也是密不可分的。在此过程中，家长的作用至关重要。温馨、和睦、愉快、宽容的家庭氛围、家长对孩子需求的高度敏感性、亲密的亲子关系、与孩子气质类型相匹配的亲子交往方式、教练式的指导和训练是促进孩子情绪能力健康发展的几大要素。

第八章

与同伴交往的能力

（Hope Zhang）

　　前面我们讲过，父母对孩子的社会化非常重要，他们通过安排孩子的生活环境与活动等方式将有关社会规则、行为规范方面的信息传递给孩子。由于年龄、能力、资源等诸多方面的差异，在亲子之间的交往中（特别是当孩子幼小的时候），父母与孩子之间的地位是不平等的，父母占有主导地位，是具有权威的一方。随着孩子渐渐长大，他的社会交往范围也越来越大，特别是入学以后，孩子与同伴在一起的时间越来越多，同伴在孩子的生活中重要程度不断增加。特别是到了中学阶段，孩子的穿着打扮、饮食起居、听什么音乐、参与什么活动，以至于喜怒哀乐都渗透着同伴的影响。同伴主要包括孩子的同学、邻里小孩或者亲戚，他们的年龄、发展水平相仿。与亲子交往不同的是，同伴之间的交往通常是比较平等的，而这种平等将带给孩子独特的社会交往经验，如竞争、合作、协商、妥协等，这些经验是亲子交往无法提供的，在孩子的社会化过程中起着非常重要的作用。首先，同伴能够为孩子提供反馈和参照系统，通过同伴直接、间接的反馈或者与同伴比较，孩子渐渐形成对自己的认知。比如，我学习怎么样，我体育怎么样，我长得够不够漂亮（帅），穿着够不够时尚……只要与周围的同学比一比，孩子就会得出自己的答案。同伴的一句评价、一个眼神可能比家长说十句话的力量都大。再有，与同伴的交往为孩子提供了演练社会规则的机会。在与同伴打交道的过程中，孩子将切身地体会什么叫公平、正义、互惠互利，将学习如何制定、遵守规则，如何通过协商、妥协来解决问题或纷争，怎样去理解别人的想法或兴趣、站在别人的角度看待问题，怎样吸引他人的注意等。与同伴的交往还可以帮助孩子发展友谊、建立与他人之间的亲密关系、满足情感、归属感等心理需求。对学龄前的孩子来说，朋友就是玩伴，大家年龄、个头差不多，能力、兴趣差不多，一起玩得开心就是好朋友。随着年龄的增长，孩子越来越关注彼此的心理需求和情感联系，朋友之间可以分享内心的秘密，相互安慰和支撑。研究发现，拥有亲密朋友关系的孩子更倾向于自我感觉良好，更不容易焦虑或抑郁，更为随和友善（Buhrmester, 1990），学习成绩倾向于越来越好（Greenman 等, 2009），更不容易恃强凌弱、欺负别人或者被同伴欺负（Kendrick 等, 2012）。哪怕只有一个好朋友，也能显著地降低孩子的孤独感（Renshaw 和 Brown, 1993）。还有研究者认为，与他人建立亲密关系的能力是从小培养的，儿童时代朋友关系的发展将为成年后恋爱、婚姻关系的发展打下基础（Sullivan, 1953）。如果小时候缺乏与同伴接触的机会、缺少亲密的朋友，长大以后谈恋爱的时候也可能会感到无所适从，不知道该怎么表达情感，或者难以与对方发展亲密的关系。另一方面，同伴也可能为孩子的发展带来一些消极的影响。比如，同伴可能会削弱父母的价值观对孩子的影响。所谓近朱者赤，近墨者黑，如果孩子与同伴，特别是有不良行为的同伴在一起的时间过多，他可能会疏远与父母的关系，甚至可能会卷入不良团伙，出现各种问题行为，尤其是对于青少年，"损友"的负面影响尤为明显（Berndt 等, 1990）。此外，经常被同伴排斥、拒绝、忽视，或者被同伴欺负的孩子在身心发展上也会受到诸多不良影响，被同伴拒绝的孩子通常更不愿意上学，不愿意参与课堂活动，学习成绩比较差，更容易感到孤独或者抑郁等（Buhs 等, 2002）。焦虑、退缩、攻击性强的孩子在学校里比较容易受人欺负，经常被欺负的孩子更容易感到抑郁，甚至会有自杀倾向，而经常欺负别人的孩子长大以后从事违法犯罪活动的可能性则更大。既然与同伴的交往对孩子的成长发展如此重要，那么，家长应该如何更好地促进孩子与同伴的交往，回避潜在的不良影响呢？下面我们就来谈谈这个问题。

（一）同伴接受度：人缘儿好坏

回顾自己或周围朋友的成长经历，你会发现，孩子的同伴接受度有高低之分，或者说人缘儿有好有坏。有些孩子是特别有人缘儿的，他们像明星一样，不论走到哪里、做什么事情，都会吸引目光，其他的孩子都喜欢他们，愿意跟他们玩，愿意跟他们做朋友，他们的同伴接受度是最高的；有一些孩子总是默默无闻的，好像是青春画面中的一道背景，他们没怎么说过话，也没怎么和其他同学打过交道，他们并不让人讨厌，只是不引人注意，多年以后同学聚会的时候，大家可能已经想不起来他们原来的样子，甚至连名字都忘了，研究者称他们为被忽视的孩子；有一些孩子经常被同伴拒绝，他们不招人喜欢，大多数同学都不愿意理他们，分小组活动的时候，没人愿意和他们一组；还有一些孩子朋友很多，敌人也不少，他们有影响力，能够发出自己的声音，但也经常陷入各种争执、对抗之中，因此被称作有争议的孩子。为什么在同伴交往中，孩子的社会地位会有如此大的分别？什么样的孩子最容易有好人缘儿？研究发现，影响孩子受欢迎程度的因素主要有以下几个。

1. 颜值

你是不是想说："不会吧，这么肤浅！"可事实是，我们好像从未走出过"看脸"的时代。"闭月、羞花、沉鱼、落雁"的故事千古流传，如今，不论是选秀、比赛，还是相亲、招工，颜值也都是兵家必争之地。那么，长相到底对人的社会认知有着怎样的影响呢？研究者让孩子们去评价一些陌生小孩的照片，发现评价者倾向于认为那些长得好看的孩子更友善、更聪明、社会能力更强（Langlois, 1981）。除了长相，体型也会影响孩子的受欢迎程度。比如，宽肩膀、肌肉发达的男孩更容易受同伴喜欢，而个子矮、胖墩墩的男孩则不太容易受同伴喜欢；青少年期，发育比较早的男孩和发育比较晚的女孩更容易受同伴喜欢。没人知道到底为什么人们会那么在乎外貌，有人认为外貌好的孩子通常更自信、在社会交往中更为主动，或者吸引更多的注意力，从而获得更多与人打交道、锻炼社会技能的机会，而社会技能的提高导致了更高的同伴接受度。不论出于什么原因，在同伴交往中，颜值高不能不说是一种优势。

2. 运动技能

身体协调、强壮、擅长体育活动的孩子更容易受同伴喜欢（Hops 等，1985）。就像电影《我的少女时代》里所展现的，每个女孩的学生时代里都有一个阳光帅气的男孩，而他又总是篮球校队的主力。与外表的吸引力相似，运动技能好的孩子也比较容易吸引更多的注意力，而且经常参加体育活动的孩子天然有更多机会与同伴交往、锻炼社会技能，因此也有助于提升同伴的接受度。

3. 社会技能

人缘儿好的孩子通常社会技能比较强，也就是说他们更擅长跟别人打交道、更擅长与人合作，更倾向于从事亲社会行为，比如谦让、与人分享、关心别人、助人为乐等。研究者通过观察三、四年级的小学生课间休息时的活动发现，那些受欢迎的孩子大部分时间都在和其他同学一起玩或聊天，他们与同学之间的交互过程通常是积极愉快的，他们比较友善，能够注意到并迎合对方的需要，知道怎么说话能让对方感觉好，知道怎么解决矛盾纷争等；而被拒绝的孩子大部分时间都在从事对抗性的活动，比如和人争执、打闹，要么就是在离同伴很远的地方自己玩或者一个人站着（Ladd, 1983）。被拒绝的孩子当中，大约有一半攻击性比较强，经常与人打架或者争吵，还有20%左右有非常明显的退缩倾向，回避与其他人交往。还有研究者通过观察一、三年级的小学生的同伴交往活动（Coie 等，1988），发现那些被忽视的孩子是最不具攻击性的，他们总是一个人做事情，不与别人交往，而在别人眼中，他们也仿佛不存在。那些有争议的孩子在与人交往上通常是比较主动的，他们比较引人注目，但这些孩子的问题是，动不动就爱发脾气，不擅于管理自己的情绪，他们还比较爱破坏规则，干出格的事情。由于他们的社会交往行为既有积极的成分，又有消极的成分，同伴对他们的反应也是好坏参半的。

还有一个有意思的实验可以看出人缘儿不同的孩子在社会能力上的分别（Dodge 等，1983）。研究者让一组孩子一起玩一个游戏，过一会儿，叫来一个与这些孩子都不熟悉的孩子，观察他将如何参与已有的那一组孩子的游戏。结果发现同伴接受度高的孩子通常会主动与那一组已经在玩的孩子打招呼、聊天，他们谈话的关注点是对方或其正在玩的游戏，比如："你们这个游戏真好玩儿"，而这种友善、恭维性的话语通常可以为他们更快、更好地融入到那个小组当中铺平道路；被拒绝的孩子往往故意要把大家的注意力吸引到自己身上，或者采取破坏性的活动干扰人家正在玩的游戏，比如他们可能会把人家刚搭好的积木推到，或者说一些与那个游戏完全无关的、自己的事情，像"我去过×××玩儿"，而已经在玩的孩子通常也会用比较消极的方式对待这个孩子，比如指责他、不让他玩等；那些被忽视的孩子虽然不会去捣乱、干扰人家的游戏，但他们通常不会主动上前做任何尝试，只是很被动地在一旁看着别人玩，因此没人注意到他们，他们也无法参与到已有的游戏当中。总之，社会交往能力是影响孩子被接受程度的一个重要因素，擅长与同伴相处的孩子更容易得到同伴的接纳，而攻击性强或者回避社会交往的孩子更容易被拒绝或被忽视。

4. 情绪管理能力

孩子的情绪管理能力与同伴接受度之间也有着紧密的联系。研究发现，被拒绝的孩子通常比较爱生气，他们的面部表情和言语中表达愤怒、攻击性的情绪比较多，一遇到不顺心或困难的事就爱抱怨、发脾气，或者诉诸武力，另外，他们也常常漫不经心，不考虑别人的需要或者想法，容易在不经意间伤害别人（Hubbard，2001 等）。可以想见，没有谁愿意作情感的垃圾桶，因此，牢骚满腹、喜怒无常、攻击性强、有暴力倾向、负能量满满的孩子不容易被同伴喜欢。

（二）家长的用武之地

随着孩子年龄的增长，他们将有越来越多的时间不在家长的身边，特别是上学以后，白天大部分的时间是在学校里和同伴一起度过。家长自然都希望自己的孩子在学校里能拥有一段愉快的时光，受同学喜欢，有好朋友陪伴。在以上几个影响同伴接受度的因素当中，对于有些方面，家长做不了太多，比如颜值。家长虽然可以帮助孩子穿着、打扮得更得体、更时尚一些，但大概也仅此而已，因此它不是家长的工作重点。对于运动技能，家长可以从小多提供给孩子一些接触体育运动的机会，培养兴趣爱好，发现适合自己孩子的运动项目。但运动技能的好坏，在很大程度上受身体条件、个性倾向的影响，似乎也不可强求。而另两个方面——社会交往技能和情绪管理能力——则与家长的教养方式关系密切，才是家长真正的用武之地。关于情绪管理能力的培养，我们在前一节已有详细的论述，这里主要谈谈社会交往技能的培养。孩子的社会交往能力从何而来呢？研究发现，儿童的社会交往能力至少与以下几个因素有关。

1. 依恋关系

前面章节中讲过，依恋关系即亲子之间紧密的情感联系，这种情感联系为孩子认识周围世界、与他人建立联系奠定了基础。从孩子出生的那一天起，父母与孩子之间点点滴滴的交流为孩子提供了宝贵的机会去锻炼社会技能，比如怎么表达自己的需求或想法，怎么轮流发言，怎么让步、妥协等。另外，亲子之间的交流也是孩子了解情感世界的一把钥匙。从爸爸妈妈那里，孩子开始观察到情绪情感是如何表达的，学习理解每个表情的含义及其背后的内心状态，随着孩子社会空间的扩展，他们将应用这些社会知识去了解其他的人，与他人建立关系，这些社会实践将进一步增强他们的社会知识和技能。研究发现，与同伴有积极关系的儿童和青少年在婴儿期和学步期通常与父母有安全的依恋关系，如果孩子和妈妈很亲近、喜欢妈妈、觉得妈妈对自己很重要，他们通常也会觉得和同伴的关系比较亲近，如果孩子对妈妈漠不关心，觉得妈妈是无关紧要的人，他们通常与同伴的关系也是冷漠的（NICHD Early child care research network，2006）。因此，亲子之间安全的、健康的依恋关系对孩子一生社会技能的发展、与他人建立、维系亲密的关系是非常重要的。

2. 家长风格

前面讲过几种家长风格，权威型、专制型、放任型和疏离型。研究发现，权威型家长的孩子在学校里最容易被同学喜欢，而专制型家长的孩子最容易被拒绝（Pettit 等，1996）。家长风格为什么会影响孩子与同伴的交往呢？一方面，是因为家长在与孩子的互动过程中，家长自己的行事为人风格将起到示范的作用；另一方面，家长也会通过直接的教导把自己的价值观和行为方式传递给孩子，有意识地教给孩子那些他认为好的做法。一项研究中设置了这样一个情景（Finnie 等，1988），实验室里有两个幼儿园的小孩正在玩积木，另一个孩子也由妈妈陪伴着来到实验室，孩子们的年龄差不多，研究者暗中观察这位妈妈是如何介绍她的孩子参与到已经在玩的孩子中间的。结果发现，那些不被同伴喜欢的孩子的妈妈更倾向于打断原来孩子的游戏，并使用强制的方式把自己的孩子介绍给正在玩的孩子，她们的行为与我们前面讲过的被拒绝的孩子非常相似；而受欢迎的孩子的妈妈则在不干扰原来游戏的情况下，鼓励自己的孩子参与其中。在后续的访谈中，受欢迎的孩子的妈妈展示出更多的社会知识，比如，她们知道如何鼓励孩子去交朋友，怎样解决冲突，她们在与孩子的交往过程中表现出更多积极、愉快、友善的行为。还有研究发现，受欢迎的孩子的家长在和孩子一起玩的时候，更友善、不苛求、较少表现出不满、愤怒等消极情绪，而不被喜欢的孩子的家长则经常表现出交往技能的不足，比如他们经常打断别人说话，或者把话题岔到完全不相关的事情上，经常无视孩子提出的请求等（Isley 等，1999；Black 等，1995）。可见，父母是孩子社会技能发展的第一任老师，父母以积极、友善的方式与孩子相处，富有责任心，对孩子的需求敏感，在管教、约束孩子的时候严肃而不失温情，这些对于发展孩子的社会技能是大有裨益的。

3. 对孩子生活的安排

孩子社会技能的发展需要有与同伴接触的机会，因此，除了言传身教以外，从孩子很小的时候开始，特别是孩子能说话、能走路以后，家长应该有意识地为孩子安排一些和同龄孩子一起玩的机会，比如生日聚会、和邻里或同事的孩子约着一起玩等。研究发现，当父母经常创造机会让孩子和同伴一起玩的时候，孩子在学校里将表现出更多的亲社会行为，更容易被同伴喜欢（Ladd 等，1992）。此外，上幼儿园也可以让孩子接触同伴、锻炼社会技能。一般来说，上过幼儿园的孩子比完全在家里长大的孩子更具社会能力（Howes, 1987）。正如在游泳中学会游泳，孩子也是在与同伴交往的过程中学会与同伴交往的。

总之，与同伴交往的能力既与孩子每天的生活息息相关，直接影响着他的生活质量，也为他将来步入社会以后在工作与生活中与他人沟通、合作、建立紧密联系等打下基础，因此是儿童心理发展中的重要领域之一。父母在孩子同伴交往技能的发展中扮演着重要的角色，而相互尊重、相互信任的亲子关系是父母作用得以发挥的基础。权威型的教养方式有助于发展这种亲密的亲子关系，培养孩子的社会能力，发展积极的同伴关系，并减少孩子受到同伴不良影响的风险。

第九章

语言能力

（Hope Zhang）

　　不是每个人都会打篮球，不是每个人都能弹钢琴，但除非疾病或异常的生活条件，有一样本领却是我们每个人都有的，而且是在我们很小的时候就可以做得很好的，那就是语言能力。一般来说，孩子在 1 岁左右开始说出有意义的词语，到 5 岁左右，已经能够熟练地听、说自己的母语了。语言的功能体现在我们生活中的方方面面，如思考、表达、与人交流、问题解决等，语言能力的发展对人的工作、生活都有着举足轻重的影响。

家有小宝宝的时候，最常挂在家长嘴边、最让家长上心的事情除了孩子的身体发育，比如宝宝多重了、长了几颗牙了、能不能坐起来了、会不会走路了等，就是语言的发展了，比如宝宝能叫妈妈了，能认识鼻子眼睛了，能说完整的句子了，会背唐诗了，认识多少汉字了……宝宝语言发展中的每一个里程碑都会令父母兴奋和骄傲，如果孩子的发展达不到预期，又会让父母忧心忡忡。与钢琴、打球这些技能相比，父母在孩子的语言学习和发展中扮演着尤为重要的角色。这一章，我们将重点介绍孩子在语言学习过程中的一些有趣的现象和规律，进而探讨父母应该如何促进孩子的语言发展。

（一）儿童：天生的语言学习者

1. 语言学习的关键期

十多年前，我到多伦多大学做博士后的时候带着 2 岁半的女儿。我是从中学开始学英语的，到那时已经学了将近二十年，而女儿一句英文也不会，我教给她几句简单的日常用语，就送她去上了大学附属的幼儿园。经过几个月的沉默期以后，女儿越来越多地开口说话，一年以后，她应付每天的常规生活基本没有什么问题，到上小学的时候，她的发音、语法、词汇量、流畅程度等已经完全达到了本族语者的水平。而我的英文讲起来仍然磕磕绊绊，一不留神语法就会出错，更要命的是乡音难改，永远是一口标准的普通话口音。对许多像我这样一把年纪还在啃外语的人来说，对孩子强大的语言学习能力真是望尘莫及。有研究者提出（Lenneberg, 1967），语言习得的关键期（critical period）是在青少年期之前，在此之后，大脑的生理变化将使语言学习变得非常困难。有不少研究为这种说法提供了支持，比如广为人知的关于 Genie 的个案研究。Genie 在出生 20 个月到 13 岁期间，被关在一间卧室里，没有人跟她说话，也没有什么东西可看，被社工发现的时候，她完全不会说话，也不会走路。此后经过很长时间的训练，她仍然没能正常地掌握语言。又如，有一项研究调查了美国移民的英语语法水平（Johnson 等, 1989），发现决定一个人语法分数的不是他有多聪明，不是他的学习动机有多强，也不是他在美国待了多长时间、是否认同美国文化，而是他到达美国开始学习英语时的年龄，如果他是在很小的时候（3 岁以内）开始学习的，那么他的语言水平将与本族语者没有差异，开始学习时的年龄越大，最终能达到的水平越低，如果是成年以后才开始学习英语，那么他的语法分数将远远低于本族语者。还有研究发现，学习发音与学习语法类似，开始学习的年龄越早，发音越像本族语者（Au 等, 2002）。神经心理学研究也为儿童在学习语言方面的优势提供了一些佐证。大脑中的布洛卡区（Broca's area）是负责语言加工的。研究者运用脑功能成像技术考察了学习者在加工母语和第二语言时的脑活动，发现那些成年时开始学习第二语言的人在加工两种语言的时候，布洛卡区里有两个相邻的不同区域被激活，而那些从婴儿期开始学习第二语言的人在加工两种语言的时候，布洛卡区被激活的区域是重叠在一起的（Kim

等，1997）。也就是说，学习语言的起始年龄不同，大脑对语言的反应以及组织、加工语言的方式也是不同的。

当然，还有一些研究者对语言学习是否存在关键期提出了不同的看法。比如，有人认为，对于 Genie 来说，漫长的与世隔绝的生活使她在认知、生理、情绪上患有诸多严重的缺陷，而这些缺陷在一定程度上阻碍了她的语言学习，因此她的语言障碍不完全是由起始学习年龄太晚造成的。还有研究者指出，第二语言的熟练程度不仅受起始年龄影响，也跟学习者的学习方式有关，如果学习者经常使用第二语言和别人交流，那么他的熟练程度通常会比较高（Birdsong 等，2001）。另外，我们生活中也常能看到青少年期之后开始学习一门语言，却能达到本族语者熟练程度的例子，比如我们都很熟悉的大山。大山是加拿大人，从多伦多大学毕业以后到北京大学留学，当时已经有二十几岁，在 1988 年春晚表演小品《夜归》后一夜成名，那时候他的中文仍带有明显的洋腔洋调，但此后多年在中国的学习、工作、生活使他的中文不断进步，他所表演的相声、话剧以及参与的各种文化交流活动为大家所熟知。他的中文水平，即便是发音、语法，也与本族语者无异，因此他不仅是家喻户晓的明星，也是一位成功的第二语言学习者。

总之，大多数专家认为，儿童在语言学习上确实具有独特的优势，另一方面，语言学习的结果与学习方式关系密切，在多大程度上使用语言与他人交流影响着学习者最终能达到的语言水平。

2. 婴儿对语音的敏感

从出生起，婴儿对语音即表现出特殊的敏感性。语音

（phonology）即语言的声音系统以及构成声音系统的规则。婴儿最初的语言学习主要是从听开始的，他们每天被无以计数的声音包围着，他们需要从各种声音中分辨出语言刺激，从一长串连贯的语言刺激中分辨出一个个的词。研究发现，与其他声音相比，新生儿明显更喜欢人说话的声音；与其他语言相比，他们更喜欢听母语；与其他人的声音相比，他们更喜欢自己妈妈的声音（DeCasper 等，1980；Moon 等，1993）；6～8 个月大的婴儿就已经能捕捉到连贯的语句中听觉信息的微小变化，从而分辨出语句中的字词；1 个月大的婴儿即已能分辨出不同的音位（phonemes）。音位是人类语言中最小的声音单位，也叫作音素，比如 /p/ 和 /b/ 是两个不同的音位。6 个月以前的婴儿被研究者 Kuhl（1993）称作"世界公民"（citizen of the world），他们能够分辨出世界上任何一种语言中音位之间的差别，具备学习任何语言的潜力。随着孩子年龄的增长，这种语言辨别能力发生了微妙的变化，在 6～10 个月，婴儿对母语之外的那些音位的辨别能力不断减弱，比如，日语中不区分 /l/ 和 /r/，因此日语环境下长大的人听不出两者的差别，就像我国一些南方人听不出 /l/ 和 /n/ 的差别一样。渐渐地，婴儿从世界公民转变为"文化限定下的学习者"（culture-bounded learner），他们将只对母语中出现的那些音位具有辨别能力，而且随着年龄的增长，这种辨别能力将越来越强。那么，有什么办法能让婴儿保持对非母语语音的敏感呢？是不是让他们听到这些语音就可以了？为考察这个问题，研究者设计了一系列学习实验。实验中孩子需要学习的语音是汉语中的 /q/，这个音位在英语中是没有的。一般情况下，在 6～8 个月大的时候，母语为英语和母语为汉语的婴儿

对 /q/ 的辨别能力差不多，而 10～12 个月大的时候，母语为汉语的婴儿对 /q/ 的辨别能力将上升，母语为英语的婴儿对 /q/ 的辨别能力将下降。为了让母语为英语的婴儿保持甚至提高对 /q/ 的辨别能力，研究者编制了一套学习材料——包含大量 /q/ 这个发音的小故事。他们把 6～8 个月大的、母语为英语的婴儿分为四组，每组对应一种实验条件：第一种是让一个母语为汉语的研究人员面对面地给婴儿讲故事，边讲边拿着玩具和婴儿互动；第二种是把学习材料制作成录像，让孩子观看；第三种是把学习材料制作成录音，让孩子收听；这三种条件下的学习内容和时间是完全一样的。第四种是让孩子观看与语言学习毫无关系的录像，旨在证明仅仅来到实验室是不会提高语言水平的。结果发现，只有第一种条件下的婴儿对 /q/ 的辨别能力比学习之前有了明显的进步，与母语为汉语的同龄婴儿水平相当，而第二、第三、第四种条件下的婴儿对 /q/ 的辨别能力没有明显差别，都比 6～8 个月大的时候下降了。这个研究说明，光让孩子接触到语音刺激并不能让学习发生，真正让孩子的语音辨别能力提高的是人与人之间有意义的交流。当宝宝听父母说话、读书、讲故事、唱歌的时候，他们正以无比的好奇心观察着父母嘴部的动作，聆听着、分辨着各种声音，在大脑中积极地建构着声音的图谱，为以后说话、阅读打下基础。Kuhl 教授的研究发现，婴儿在 7 个月大时的语音辨别能力可以预测他 5 岁时的阅读能力。这些研究告诉我们，语言学习不同于一般的技能学习，语言能力是一种代代相传的宝贵的赐予，亲密的亲子关系、有意义的言语交流是语言学习赖以发生的平台。在当今市场上，各种声光电多管齐下的玩具、音像制品、语言学习训练工具令人眼花缭乱，而这些东西终不能代替面对面的社会性互动，不能代替爸爸妈妈的倾情陪伴。

3. 婴儿对韵律的敏感和偏好

婴儿对语言的韵律表现出特殊的敏感，他们很擅于捕捉到语言中语调、重音、节奏等方面的起伏变化及其所传递的意义。不要小看那些还不会说话、不会走路的小宝宝，他们已经开始察言观色了，他们能够从说话者的语气中判断出对方是在问一个问题，还是在说一件事情，或者发出一个命令，是在称赞自己，还是在批评自己。

婴儿对语言的韵律也有特殊的偏好，他们最喜欢那种高频的、拉长的、像音乐一样起伏的、夸张的语言，这样的语言被称作"宝宝式语言"（baby talk）或"妈妈式语言"（motherese）。其实不光是妈妈，其他人也是如此，人们在跟婴儿说话的时候自然会使用与和其他成人（比如老板、同事）说话时截然不同的方式，却没人会觉得别扭或不正常。这是各个文化里共通的现象，研究发现，法国、意大利、德国、英国、日本、中国，乃至南非的部落中，妈妈和婴儿说话的时候自然就会提高声调，声调的起伏变化也比较大，像唱歌一样。研究者在 4 个月大的婴儿两侧各放置了一个扬声器，一侧播放成人式的语言，另一侧播放宝宝式的语言，婴儿向哪一侧转头，就会让哪一侧的扬声器发声，结果发现婴儿更愿意向播放宝宝式语言的一侧转头，说明这样的语言对婴儿具有较强的吸引力，更易于引起婴儿的注意和兴趣（Fernald，1985，1991 等）。另一方面，这种拉长的、夸张的语言也可以让婴儿更清楚地听到每一个发音，捕捉到它的细微特征，因此，来自爸爸妈妈的宝宝式语言可以说是孩子最好的语言学习材料。

4. 咿呀学语

刚出生的宝宝的发声能力是非常有限的，无外乎哭、哼哼、叹气等，然而到6~8周的时候，宝宝已经能够发出一些元音，即"喔喔啊啊"的声音。通常当爸爸妈妈尝试和宝宝沟通的时候，或者宝宝正处于一个非常舒服的状态、感觉良好的时候，他们就会发出这种声音。所以，不要以为宝宝还小，不能和他们交流，远在没有开口说话以前，他们的语言学习和使用语言与人交流的过程就已经开始了。此后的几个星期中，宝宝能够把发音拖得更长，渐渐的，他们开始发出辅音，比如，/b/或/m/，再往后，他们能把元音和辅音连在一起，并重复使用，比如baba或dada，就像在说话一样，到1岁左右，他们已经可以说出真正的字词了。当宝宝刚开始说话的时候，他们会把一些难发的音省略掉，或者替换成简单的发音，以便能够把话说出来，达到交流和表达的目的。大约到5岁，大多数孩子的发音已经与成人一样标准了。

宝宝发音能力的发展一方面与他们发音器官的生理发展和神经系统的发育相一致，另一方面，也与他们接触到的语言环境有关。研究者对来自巴黎、伦敦、阿尔及尔和中国香港的10个月大的婴儿所发出的元音做了频谱分析，以可视化的方式呈现出婴儿发音的声学特征，比如强度、起始点、发音的模式等，结果发现不同国家的婴儿所发出的声音的频率是不同的，而婴儿发音的声学特征与其所在国家的成人说话时表现出的特征是一致的（Boysson-Bardies 等，1989）。也就是说，在孩子还不能真正说话的时候，语言环境就已经在影响他们的语言学习了。

5. 打手势

语言是用来与人交流的，因此语言具有社会性的一面。而孩子似乎天生有着与人交流的欲望，当他们还不会说话的时候，就已经开始通过打手势与人交流了，这种比比划划体现了语言的社会性。我们经常可以看到小宝宝指指点点，把一家人指挥得团团转。他们可以通过打手势引起大人的注意，比如让大人看一个好玩的玩具，或者发出指令，比如要求出去玩或者要吃东西。他们在比划的时候，与交流对象有直接的目光接触，有时还会发出一些声音，以示强调，他们会在大人的眼睛和所指的东西之间来回查看，检查大人是否注意到他所指的东西，或明白他的用意，当大人没有看懂的时候，他们会重复这些手势，以保证交流的畅通。稍大一点的孩子还会用手势来表示一个东西或事件，比如他们做出"闻"的动作，以此表示花。这说明孩子掌握了一个本领——用符号来表示一个东西，这是认知发展中一个重大的进步，对于语言学习非常重要。研究者认为（Goodwyn 等，1993），符号性的手势和语言能力有着重要的关系，它们在相近的发展阶段出现，手势一般比口语早几个星期。社会经济地位（SES）比较高的家庭中，父母更倾向于通过打手势与孩子（14 个月大）交流，而这些家庭中，孩子手势的使用与他们以后（54 个月大）拥有更大的词汇量是相连的（Rowe 等，2009）。如果宝宝从不指指点点地使用手势与人交流，通常预示着他的交流系统发展可能出现了问题，许多自闭症的孩子都缺少用手指示东西这个动作。

6. 理解先于开口

我们学外语的时候都有体会，听懂别人说话比自己说话要容易。孩子学母语也是这样，远在能开口讲话之前，他们已经能听懂一些话了，他们能听懂的话比自己能讲出来的话要多很多。有的家长可能会觉得没有必要跟小宝宝聊天，反正他们也听不懂。事实上，6个月大的婴儿就已经能理解一些词语了，而且当父母和陌生人对他们说同样的话时，他们对父母的理解好于对陌生人的理解。沉浸在父母营造的语言环境中，孩子渐渐明白，每个人、每个东西都有名字，特定的声音模式可以用来代表某个东西或某件事情，更重要的是，他们开始理解语言是干什么用的，开始尝试着用语言去表达自己的想法、需要和感情。研究者考察了10个月到3岁的孩子的家庭语言环境，发现在日常生活中，家长跟孩子的说话量与家庭的社会经济地位有关，也和孩子的词汇发展水平有关：职业家庭中父母跟孩子说话的量远远大于吃救济的家庭，而职业家庭中孩子的词汇量是吃救济家庭的孩子的2倍（Hart等，1995）。还有研究考察了有1～3岁小孩的低收入家庭（Pan等，2005），发现孩子的词汇发展受母亲自身语言文化素质的影响，母亲的文化素质较高、能够使用丰富的词汇与孩子交流将有益于孩子的词汇发展。可见，尽管大多数的孩子都能学会说话，但孩子的语言发展水平却千差万别，而这与父母为他们营造的语言环境的质量是分不开的。

7. 联合注意

没有谁会比小宝宝更关注父母口中的话语了。当父母跟孩子说话的时候，孩子总是在积极的探寻父母在想什么、要表达什么、他们说出来的字句代表什么。联合注意（joint attention）就是当父母和孩子共同参与一个活动时，比如一起玩一个游戏、看一本图画书、观察一只小动物等，亲子双方享有共同的"心理空间"、关注同样的事物。这个过程对于孩子学习语言，特别是理解词语的含义是非常重要的。研究发现，父母与孩子享有联合注意的时间越多，孩子早期的语言能力发展越好（Carpenter 等，1998）。因此，亲子时间的质量对孩子的语言发展有着重要的影响。如果父母仅仅待在孩子身边，眼睛却盯着手机或者电视，亲子之间没有真正的交流，那么，待在一起的时间再长对孩子的语言发展也没有作用。父母需要真正投入地和孩子共同关注一件事情或一个东西，并通过言语交流分享彼此的想法、感觉，一起解决面对的任务，这个过程将促进孩子的语言发展。

（二）父母如何促进孩子的语言发展

上文介绍了孩子在学习语言的过程中表现出的一些规律，那么家长应该如何为孩子营造一个良好的语言环境，促进孩子的语言发展呢？不是每个家庭都有条件从小给孩子请外教、用英语和孩子聊天，或者送孩子去上各种名目的早教、开发智力的学习班，但每个家庭都可以做到以下几点，而这几点对孩子的语言发展恰恰是最重要的。

1. 和宝宝说话

和宝宝说话多早都不算早，当宝宝还在妈妈肚子里的时候，就已经可以开始了。宝宝出生以后，伴随着他们清醒时间的延长，和他们说话的机会也越来越多。不要担心他们听不懂、浪费时间，有意识地把他们当作你的交流对象，养成对话的习惯。对话的时候，要看着宝宝的眼睛，使用声调起伏变化的、夸张的、拉长的、音乐式的语言。对话的内容不限，可以是常规性的对话，比如每天早上宝宝醒来时的问候、招呼他吃饭、准备睡觉等，也可以是伴随着一天的各种活动的即兴对话，比如一起去散步、买东西、做游戏、做运动的时候，看到什么人、什么玩具、什么有意思的事情，都可以和宝宝聊聊。最开始和宝宝聊天的时候，说话速度要慢一些，尽量使用简单的词汇。当宝宝长大一些的时候，家长要时不时地检查宝宝的理解状况，如果发现宝宝没有听懂，就再重复几次，或换个说法。随着宝宝理解程度的提高，可以适当加快语速，使用更为丰富的词汇以及更为复杂的句式。不要小看这些聊天，它们在孩子的语言学习中起着至关重要的作用：提供语言输入，帮孩子熟悉字词的发音、语句的节奏、重音、声调、句式等基本语言特征；帮助孩子熟悉交流模式，比如轮流说话、有问有答；帮助孩子理解每个人、每个东西都是有名字的，可以用语言来表达自己的想法、情感或者经历的事情；帮助孩子理解语言是交流的工具，说话比哭、喊更容易让爸爸妈妈明白自己想要什么，也更容易让自己知道爸爸妈妈要做什么；此外，轻松愉快的言语交流也有助于亲子之间建立亲密的、相互信任的依恋关系，培养孩子的安全感。

2. 使用手势和宝宝交流

和宝宝说话的时候，多使用手势配合你的语言，特别是用手指指示某个事物，比如妈妈用婴儿车推着宝宝散步的时候，手指着前面树上的一只鸟跟宝宝说："看，喜雀！"这样一个简单的动作对几个月大的宝宝来说，无异于给他们正在飞速发育的大脑做了个体操：第一，锻炼注意力，孩子需要注意到妈妈是在跟他说话，需要注意听妈妈要说些什么；第二，孩子需要明白大人让他看的不是手指，而是需要顺着手指的方向去看所指的东西；第三，那个东西是有名字的，它的名字是喜鹊；第四，手势和语言是一致的，手势可以帮助人表达自己，他也可以像妈妈一样通过打手势让别人明白自己的想法。就像经常锻炼身体使肌肉更发达一样，锻炼大脑将促进孩子认知、语言等功能的发展。与孩子的交流过程中，经常使用手势既可以帮助孩子更好地理解父母，也是在给孩子做示范，帮助他们更有效地表达自己。当孩子觉得通过努力能够让大人明白自己的时候，他们会产生成就感，进而增强表达的欲望，养成表达自己和与人交流的习惯。

3. 倾听

宝宝刚开始说话的时候，通常是单个字往外蹦，或者是说出两个重复的字，这些字对于表达意思来说往往是最为关键的，比如人、事物的名称或某种动作。不同的情境下，同样的字可能代表完全不同的意思，比如宝宝说"瓶瓶"，可能是在说他看见他的奶瓶了，也可能是在说他饿了，想喝奶了。因此，家长需要根据当时的情况及时做出反应。渐渐地，宝宝能够说出三四个字的短语，乃至比较完整的句子，但由于他们的吐字发音不够清楚，表达方式有时也不符合规范，仍然常常让父母觉得费解，而这正是考验父母耐心和自控的时候。要知道，当孩子费了半天劲也没法清楚地表达自己的时候，他们内心通常会经历挫败感。如果这时候挖苦、指责孩子，比如："你到底要说什么呀？""你怎么这么笨呀，话都说不清楚！""一边呆着去，别来烦我""教了你多少遍了，还没记住，又说错了"，这无异于雪上加霜，一方面会伤害孩子的自尊心、自信心，使他们失去表达、交流的动力，另一方面也会疏远亲子之间的关系，破坏孩子对父母的信任。因此，家长应该拿出十足的耐心，用心地听孩子说话，如果实在理解不了，可以猜几种可能的情况，让孩子选择哪种是对的，或者鼓励他换个说法，再试一试。家长要告诉孩子，你感谢他不厌其烦地讲给你听，遇到困难的时候，他很耐心，也很勇敢；你很在意他的话，很想弄明白他的意思，而且你们共同努力，一定会找到办法。当孩子使用了错误的表达方式时，一般来说不用马上生硬地指出他的错，让他改正，家长只需要按照孩子想表达的意思，用正确的方式重说一遍这句话，必要的话还可以重复一二次，通常孩子自然会意识到自己的错，并捕捉到父母话语中正确的表达方式。这种方式叫作重述（recast），既维护了孩子的自尊心，又帮助他们学到了正确的语言形式。总之，带上一副擅听的耳朵，做孩子的忠实听众吧。

4. 和孩子一起读书

上文讲到，父母应该从孩子很小的时候，养成和孩子说话的习惯，不论是做什么，都可以和孩子边聊边做。而在所有亲子之间的语言交流中，当父母和孩子一起读书的时候，父母使用的语言是最为丰富、最有利于孩子语言发展的。研究发现（Hoff-Ginsberg, 1991），与吃饭、玩玩具相比，妈妈在给2岁的孩子读书时，使用的词汇最为多样化、句式最为复杂，对孩子提出的问题回应最多。还有研究者考察了孩子2岁时，父母与孩子一起读书、讲故事的时间和孩子的语言能力，发现父母亲在给孩子读书上的时间可以预测孩子 2 年以后的语言能力（Crain-Thoreson 等，1992）。亲子一起读书是日积月累的慢功夫，在美国的小学，老师建议家长每天用 20 分钟和孩子一起读书。我们可以做个计算，如果平均每天有 20 分钟的亲子读书时间，六年小学下来一共是 730 个小时；如果平均每天只有 5 分钟的亲子读书时间，六年下来是 182.5 个小时，二者相差 547.5 个小时。可以想见，这 500 多个小时在读书时间上的差异对孩子的语言发展意味着什么，更不要说有些家庭每天的读书时间远远多于 20 分钟，而有些家庭连 5 分钟都难以保障，而且，这还是仅仅计算了小学阶段。家长朋友们，看到这样的计算是不是有了一种紧迫感？什么也别说了，和孩子一起读书吧。

有的家长抱怨孩子对读书没有兴趣，孰不知阅读的兴趣和习惯也是要从小培养的。当孩子六七个月、能坐起来的时候，亲子阅读的历程就可以开始了。除了每天固定的阅读时间（比如睡前故事时间）以外，只要有空，就可以和宝宝一起读一会儿书。找一张舒服的沙发，或者靠在床头，把宝宝抱在膝上，手捧着一本图画书和宝宝一起看，时不时蹭蹭他的头，亲亲他的脸，这种温馨的感觉将印在你心里，多年以后仍令你回味不已；而对于孩子来说，这种经历将为他开启一扇神奇的大门，他生活的空间和时间将被大大地扩展，他可以看到地球另一边的风景，可以和千百年前的人做朋友，可以和形形色色的人物、动物一起去探索、发现……尽管他不会记得阅读的历程是如何开始的，但这种愉快美妙的感觉将鼓舞着他一路走下去。

除了亲子阅读的时间量以外，阅读过程中亲子之间的交互方式也非常重要。当孩子很小的时候，阅读的重心可以放在认识书中讲到的东西、人物或者动作上面。家长可以一边指着书中的图片，一边问孩子："这是什么?"当孩子回答以后，还可以接着问问题，比如："它是什么形状的?""它是什么颜色的?"或者:"它是干什么用的?"等。在问答的过程中，家长可以用我们前面介绍过的"重述"的方式来复述孩子的话，在复述的时候，还可以使用更为丰富的词汇或语句。比如，当孩子说:"球"，家长可以说:"对啦，你说得棒极了，这是一个球，是一个很大的、蓝色的球。"当家长这样说的时候，一方面是在给予孩子反馈，让他知道他说对了，另一方面也是在为孩子提供更为丰富的语言输入。如果孩子不能回答家长的提问，家长可以说出答案，为孩子做个示范，让他重复，比如:"这是一个球，你来说一次，球。"每当孩子回答问题，或者照着父母的样子重复字句的时候，别忘了表扬、鼓励他:"真棒""好极了"……当孩子对哪张图片或者哪段故事表现出兴趣的时候，家长要及时跟进，顺着孩子的兴趣聊下去，鼓励孩子多说话、多表达自己，家长对孩子说的话要表现出兴趣和热情，积极地和他对话。读书的过程应该是轻松愉快的、游戏式的，不要给孩子压力。从婴儿期开始，以这种对话式的阅读方式为孩子读书对孩子的语言技能发展大有裨益（DeBaryshe, 1993; Arnold & Whitehurst, 1994）。随着孩子年龄的增长，他们阅读的题材也越来越广，内容越来越复杂，家长和他们的讨论也可以越来越深入。比如，阅读过程中，家长可以让孩子讲讲刚刚发生的故事的大概内容，预测下一步将会发生什么;如果书中某个情节发生了变化，结果会有什么不同;为什么主人公会那样做;如果换他作为主人公，他会怎样做等。家长还可以和孩子分饰书中的不同角色，一起来朗读，甚至将故事改编为小话剧，和孩子一起表演。当你和孩子同看一本书，并就此展开讨论的时候，你会发现，你与孩子之间的交流不再限于颁布起床、吃饭、上学、睡觉等各种指令，你们之间多了许多共同语言，你除了是他的家长，还是他的朋友。读书既拉近了亲子之间的距离，又可以锻炼孩子的语言能力，何乐而不为呢？

此外，亲子阅读的效果还有赖于图书的质量，因此，家长需要为孩子选择适合其年龄和发展水平的优秀的儿童读物。要想选择合适的图书，前提是有书可供选择。我在北美生活的十几年间，陪伴三个孩子长大，我给孩子们读过的书不下几千本。之所以可以读到这么多书，首先是因为北美的儿童图书极为丰富，从内容到写作，从创意到制作，有大量的优秀作品可供选择，很容易找到适合不同年龄阶段、不同需求的孩子的图书。例如，婴幼儿阶段的孩子喜欢以图画为主、色彩丰富、文字较少、字体较大的书。此外，有些书在制作上独具匠心，调动了多种感觉通道来配合孩子阅读，书籍由不同材质的材料制成，像皮毛、塑料、橡胶、布料等，或者发出各种声音配合所讲的内容，像动物的叫声等，或者可以让孩子动手摆弄，像转动轮子、推拉图片等，这些书特别容易引起孩子的兴趣，让孩子有参与的感觉。有些书在创作的时候以语言学、教育学研究为基础，对图书做了详细、明确、系统的分类，清楚地注明该书适用对象的年龄和语言发展特点、书中出现的生字词、语言训练的目标、亲子活动建议等。有些书除了文字版本，还配有CD或动画版，有的还制作成可随身携带的形式，便于出行的时候使用。图书的题材非常广泛，儿歌、诗、童话、故事、科普、传记、小说、散文……应有尽有，每种题材下都有数不胜数的好书。有些书天马行空、充满想象力，有些书则与孩子的现实生活贴得非常紧密，既易于引起孩子的共鸣，又可以帮助孩子应对生活中的问题。比如，小孩子第一次上幼儿园、第一次上学、第一次去看医生、学习某个乐器、参加比赛、与朋友吵架、去看望爷爷、奶奶、出门旅行、养小动物……几乎不管孩子在生活中遇到什么有意思的事情，或者面临什么困难、挑战，总可以找到大量相关的图书，从而借鉴书中宝贵的经验，学习重要的人生功课。更让我感到惊异的是，有那么多书可以把爱、生命意义、友谊、智慧、勇气、诚信、责任、成长、环保等重要的人生主题以适合孩子的语言和情节写出来，既妙趣横生又发人深省，有些经典的儿童文学值得一读再读，历经几十年、上百年为几代人带来享受和启迪。总之，大量优秀的儿童图书的创作、制作和出版是为孩子选择图书的先决条件。

然而，书是很贵的，特别是那些制作精良的图书，每一本要几十美元甚至上百美元。那么，是不是只有少数有钱人家的孩子才读得起书呢？当然不是。我初到北美的时候，感触最深的莫过于遍布村村镇镇的公共图书馆系统，图书馆的经费来源于当地居民的纳税，可谓取之于民、用之于民。不管你是否有钱，一张免费的图书卡可以把你和书的海洋连在一起。一个城市可能有几十家联网的图书馆，通过网上的预约系统，你可以借到任何一个图书馆的藏书，还书的时候可以还给任何一家图书馆。图书馆还会为家长和孩子提供大量免费的文化活动，每周都有针对不同年龄孩子的定期或不定期的讲故事时间，读书俱乐部、电影、魔术、木偶、音乐表演，各种讲座、培训以及做志愿者服务社区的机会等，因此去图书馆成为人们生活中重要的一部分。除了公共图书馆以外，每所学校，甚至每间教室都有自己的图书馆，孩子们可以很方便地借到图书。爱读书的孩子还会得到来自学校、公共图书馆以及社区的各种鼓励，比如在两个月内读够6小时的书可以得到游乐场的门票、暑假期间每读8本书可以去书店选一本免费的新书、达到自己预定的读书目标可以得到图书馆赠送的新书和小礼物等，因此读书不仅是许多家庭的习惯，也会形成一种社会风气。

让书籍走进千家万户、让每个孩子都能读到好书需要有海量的、优秀的儿童文学创作和便利的阅读条件，这是利国利民、造福子孙后代的大事。希望国外在图书创作和图书馆等机构的设立、运营方面的经验能够为我们带来一些启示。

以上谈到了家长在培养孩子语言能力方面可以做的几件事情，包括从婴儿期开始，多和孩子说话、多用手势和孩子交流、多倾听、多和孩子一起读书。最后还需要强调一件不要做的事情，就是不要轻易拿自己的孩子与别人的孩子比较。语言发展的个体差异非常大，有的孩子9个月大的时候就可以说出有意义的词，有的孩子则要到一岁半甚至更晚。随意拿自己的孩子与别的孩子比较，常常会使你徒增烦恼，而你的焦虑、担心又会传递给孩子，影响孩子的自信心，对他的语言发展造成不利的影响。

总之，尽管一般情况下每个孩子都能学会说话，但孩子最终能达到的语言水平却千差万别，这种差异在很大程度上取决于父母为孩子营造的语言环境和亲子之间的言语交互，而这正是父母最需要下功夫的地方。更重要的是，语言的发展不仅限于学会说话、写字，还包括如何在生活中恰当地运用语言，比如怎样表达自己、怎样与人交流、怎样分析、解决问题等。因此，语言的发展与社会交往、思维、情绪等诸多方面的发展以及品质的培养都是密切相关的，而这一切都离不开春风化雨、润物无声的家庭氛围和亲子之间高质量的言语互动。

以上我们谈到了家庭教育的几个重要方面，即培养良好的生活习惯与生活技能、情绪管理能力、与同伴交往的能力和语言能力。常言道"不当家不知柴米贵，不养儿不知父母恩"。没有什么事比为人父母更操心的了，因为我们没法一辈子陪着孩子，没法为他清除所有的障碍、铺平所有的路。我们也无法预测他们长大以后热门的工作是什么、他们需要什么样的专业技能，所以我们总希望趁着孩子还在我们身边的时候，好好地装备他们，使得他们有朝一日能够有能力去独自面对风雨人生。上述四个方面可以说是家庭最需要为孩子装备的，不管孩子将来从事什么样的事业、选择以什么样的方式度过此生，都将受益于这几方面能力的发展。而父母在这几方面能力的发展中扮演着重要的角色，父母的作用是其他人难以替代的。与督促学习、训练某项技能、留给孩子金钱或房产、为孩子打通人脉、官路等相比，这几个方面的长足发展更有可能帮助孩子积极地应对生活中的各种机遇和挑战，更有可能带领孩子走在幸福的路上。应该说，在这几个方面家长是大有可为的，然而这还不是"家学"的全部。如果要说什么是家庭教育的重中之重，还是要回到本书开篇所讲的"无条件的爱"。追本溯源，以上几个方面发展以及品质的培养的根基仍然是"无条件的爱"。当家长明白爱的真谛，并以此为原则与孩子交往时，将有助于孩子建立安全感、自信心，培养其主动性和积极、乐观、与人为善的生活态度，以及成熟、健全的人格，而这些品质的培养将惠及孩子的一生，同时也让我们作父母的得到安慰，尽管未来不可预知，尽管我们不能每时每刻守在孩子身边，我们也可以不必太担心，因为我们已经把最好的给了孩子。

成长

> "爱他们吧，嫌他们吧，无论怎说，也是极可宝贵的经验。在没有小孩的时候，一个人的世界还是未曾发现美洲的时候的。小孩是科仑布，把人带到新大陆去。……小孩使世界扩大，使隐藏着的东西都显露出来。非有小孩不能明白这个。……大概自从有了儿女以后，我所得的经验至少比一张大学文凭所能给我的多着许多。大学文凭是由课本里掏出来的，现在我却念着一本活书，没有头儿。"
>
> ——老舍《有了孩子以后》[1]

如老舍先生所言，有了孩子以后，世界的面貌便与从前不同了。回想起十几年前初到多伦多的时候，孩子不在身边，我的生活仅限于读书、上课、做研究，每天从租来的地下室到多伦多大学教育学院的办公室，乘同样的车，看见同样的人和景物，生活极为简单。直到一年后把女儿从国内接来，才突然发现身边有那么多从未注意到的东西：马路旁边有几个设施很好

---

[1] 原载于 1936 年 11 月 25 日《谈风》第三期。

的游乐场（playground），办公楼的一楼有一所大学附属的幼儿园，步行范围内有三家社区中心（有工作人员组织小朋友唱歌、做游戏，有各种图书和玩具，提供零食和饮料，免费对居民开放）、四家公共图书馆、两家儿科诊所，哪里的小孩子衣服漂亮又便宜，哪家店的糕点好吃，哪里可以学游泳、跳舞，各种节日是怎么个过法……两点一线的生活顷刻间变得立体起来了，交叠繁复的点、线、面常让我手忙脚乱、顾此失彼。一直"两耳不闻窗外事，一心只读圣贤书"的我，开始硬着头皮去念"为人父母"这本没有头儿的活书。

与上中学、大学比起来，这本书念得一点儿也不轻松，有无数的大考、小考、临时测验恭候着呢。记得大女儿 13 个月大的时候第一次发烧，我心急如焚，打电话找来一位有车的朋友，慌慌张张把孩子送到医院，接下来是住院、打针、输液……我在医院不眠不休陪床三天，等孩子退烧出院的时候，我两眼通红、蓬头垢面、一步三摇地抱着孩子回家，算是初尝为人父母的艰辛。以后，家里陆续添了老二、老三，感冒发烧已是家常便饭。每当孩子发烧，我就会放下手里的事情陪陪他们，所要做的无非是卧床休息、按时吃药、监控体温、多喝开水、读几本故事书、多给几个拥抱，这样气定神闲地过上几天，孩子就又欢蹦乱跳的了。很多家长朋友可能都会有类似的经历，从前四体不勤、五谷不分，不知何时练就了一身厨艺，能做出几个让孩子长大后依然想念的菜；从前呼朋唤友、夜夜笙歌，是普度众生的中央空调，现在出得厅堂、入得厨房，是只为温暖一人的暖水袋；从前是"玻璃心""小公举"，为一点儿小事赌气、发脾气几天都哄不好，现在受了天大的委屈或者有什么难言的心事，睡一觉起来就又满血复活，打理工作和家务、吃喝孩子，精神抖擞得如同疆场上身背八杆护背旗的常山赵子龙。为人父母固然不易，但由此带给我们的长进却也是其他途径给不了的。前面的章节中讲述了孩子的成长发展，细心的读者一定会发现，在成长的道路上，孩子每一对脚印的旁边都有父母的脚印。正如李宗盛所说："人生没有白走的路，每一步都算数。"我们正是这样，在爱的牵引下，和孩子一起一步一步慢慢成长的，积跬步以致千里，这种成长大概是我们在养育孩子的过程中所能得到的最大的福报。

小时候我们常盼着长大，希望别人把自己当作大人看待。可真的长大以后，又有多少人愿意成熟呢？成熟不只是冻龄美女、帅大叔，更是去自我中心，是能够设身处地地理解他人，是面对困境、挫折的时候不怨天尤人、不崩溃，是自制力，是承担责任。所谓做一个更好的家长说到底就是做一个更好的、更成熟的人，因为只有我们自身的成长、自己人格的不断成熟与完善才能使我们对孩子的教养真正落在实处，而不是流于空谈。前文讲过家长的几种类型，比如权威型、专制型、溺爱型和疏离型。其实，我们大可不必急于在自己头上扣一顶专制型或溺爱型的帽子，没有人天生就是完美的家长，如果一定要归类，我宁愿我们大家都把自己看作成长型的家长，因为我们不是一成不变的，每个人都有不断学习、反思、不断提高的潜力。好的家长一定是优秀的学习者，有谦卑的心态、开放的头脑和主动学习、终生学习的意识。怀着这样一种学习者的心态，我们的关注点将不局限于孩子的分数或者琐碎的家务，我们将看到一幅关于个人和家庭成长的更大的画卷，从而对自己如何做父母有一个更清楚的认识，我们将在见证孩子成长的同时，也经历自己的成长。

与孩子的成长一样，家长自身的成长也离不开爱的牵引。还记得我在前面讲过的我与大女儿的一番对话吗？孩子说她最想要的家长就像接住爱丽丝的那把带着软软的坐垫的椅子。要知道，能当这样一把椅子并不是件容易的事。接住掉下来的爱丽丝对于兔子洞里的那把椅子来说，大概一辈子仅此一次，而我们做父母的每天都不知道要接住多少回"掉下来"的孩子，而且我们没处躲没处藏，有时候甚至会被砸得鼻青脸肿、爬不起来。我们只有让自己的内心装着满满的爱，才有可能做一把皮实的椅子。我们的心境不能任由孩子的喜怒哀乐主宰，我们对孩子的爱和信心也不能因孩子的一言一行而动摇。爱孩子并不意味着每天必须不错眼珠地盯着孩子。就像身体的健康离不开食物，但吃得太多却容易引起肥胖和各种疾病，反而不利于健康，孩子的成长固然需要我们的关注，然而关注并不是越多越好。有些家长恨不得每天拿量杯给孩子喂饭、拿尺子丈量他的成长，时刻准备着为他冲锋陷阵，还有些家长眼里不揉沙子，永远将矛头指向他的不足，似乎只有这样才算是尽职尽责，才算是对得起孩子。殊不知紧张焦虑、小题大做以及喋喋不休的说教带给孩子的更多是压抑、束缚，而非成长。孩子需要自己的空间，需要自己尝试去解决问题。有些时候，懒散、浪费时间、挫折、冒傻气对孩子来说甚至是有益的，他们从错误、弯路中学到的东西往往是其他途径无可替代的。作为家长，我们不必拔苗助长，也不必整天拿自家的苗和别人家的苗比较，因为每棵小苗都有自己的成长时间表，而且更重要的是，每棵小苗都是独特的，他们将长成不同的样式。我们要做的是和他们一起去探索，发现他们是什么样的小苗，并帮助他们成长为可能的最好的样式。在成长的过程中，没有什么比愉悦、放松的氛围，相互信任的、亲密的情感联系，理解的、鼓励的话语更能滋养、抚慰孩子的心灵，而挑剔、贬损、评头论足则无异于告诉孩子他是多么没用、多么不成器、多么令人失望，长年累月滚滚而来的负能量怎么能不挫伤孩子的志气或者激起他的逆反呢？因此，做家长的需要学习怎样爱孩子，需要分辨怎样与孩子相处是在建造他、提升他、抚慰他，怎样是在打击他、拆毁他、激惹他。有些时候，尽管我们还是难免把事情搞砸，但如果我们能够意识到自己的行为有什么问题，能够听得出自己的言语是如何刺耳，这已经是一个巨大的进步了。做几个深呼吸，放自己一马，能补救多少就补救多少，补救不了的留待下次改进。不必担心没有机会，有千万个下次等着你呢。

小时候，我们都玩过过家家的游戏，我们假装成爸爸、妈妈，洗衣、做饭、照顾宝宝。如今，我们真的当了爸爸、妈妈，却发现我们比小时候也没走出多远。对于很多事情，我们心里仍然没有底；在很多时候，我们弄不清楚怎样才是最好；说到"无条件的爱"，我们也会感到惭愧，因为我们知道自己离那个理想状态相去甚远。有时，我们会感叹，为什么人家的孩子那么乖，为什么人家那么会教育孩子？其实，正如老话所说，家家有本难念的经，人家的孩子也有不乖的时候，人家的家长也有焦头烂额、一筹莫展的时候，只是没叫你看到罢了。世上本没有理想的家庭，也没有人能在每时每刻都做到百分之百正确，我们不可避免地会经历挫折、失败，会感到不安、慌张，会对自己及孩子、爱人失望。那么，我们的出路在哪里？思想家 C. S. Lewis 在其著作《返璞归真》（Mere Christianity）中指出了一个办法——"假装"（pretend），我们不妨把它借用到为人父母的修炼上。成为成熟的、懂得爱的家长是我们的目标，人虽未至，心有所向。"假装"的意思就是，当我们还没有达到那个理想境界的时候，我们可以假装自己已经是一个新的人了，就像小时候玩过家家一样。既然是一个新的人，我们需要按照新的标准去要求自己。比如，我们学习了什么是无条件的爱，也知道了在某种情境下，一个懂得爱的、成熟的家长应该怎样做，我们需要照着那个样子去做。当我们有意识地提醒自己这样做的时候，我们内心那个新的生命开始慢慢生长。起初，我们需要努力去学那个榜样，当我们做出和他们一样的行为时，我们表现出来的其实不是自己的真实水平，而是比自己的实际情况要好一些的样子，比如我们看起来比实际的自己更有耐心，更擅于理解人等。久而久之，新的习惯或行为方式渐渐形成，以致有一天再遇到类似的情境时，我们自然而然就表现出了好的行为。这个时候，我们内心的新生命已经变得愈加丰满，我们与理想又接近了一步，成为了比原来那个自己更好的一个人，这就是成长。成长不是要我们成为完美的人，而是要我们成为更好的自己。

　　如果把为人父母看作一项事业或一门学问，那么我们大致也会经历到王国维在《人间词话》里所讲的"古今之成大事业、大学问者"必经的三种境界：第一境界是"昨夜西风凋碧树。独上高楼，望尽天涯路"，即做父母的要登高望远，明确教养孩子的目标与方向；第二境界是"衣带渐宽终不悔，为伊消得人憔悴",即为人父母绝非易事,要历经辛劳与付出,要不断学习、孜孜以求;第三境界是"众里寻他千百度,蓦然回首,那人却在灯火阑珊处",即经过反复探寻、实践,下足功夫,终会豁然开朗、融汇贯通,有所发现,有所领悟。

此间,襁褓中的婴儿将成长为欢欣鼓舞的青年,我们则由少不经事渐渐学会爱、学会付出。陪伴孩子成长的这段路程说短不短,它足以使青丝转为白发,使皱纹爬上脸庞;说长却也不长,仿佛只是一转眼,家里已不见了散放的玩具和追逐的孩童。亲爱的家长朋友们,当我们置身其中的时候,也许会觉得为人父母好辛苦、好难啊,但当我们在忍耐与坚持中走过来、回望过往的时候,一定会发现自己不虚此行。

Ainsworth, M. D. S. (1979). Infant-mother attachment. American Psychologist, 34, 932-937.

Ainsworth, M. D. S., Bell, S. M., & Stayton, D. J. (1974). Infant-mother attachment and social development: "Socialization" as a product of reciprocal responsiveness to signals. In M. R. Richards (Ed.), The integration of the child into a social world (pp. 99-135). London, UK: Cambridge University Press.

Arnold, D. S., & Whitehurst, G. J. (1994). Accelerating language development through picture book reading: A summary of dialogic reading and its effects. In D. K. Dickinson (Ed.), Bridges to literacy: Children, families, and schools (pp. 103-128). Cambridge, MA: Blackwell.

Au, T. K.-F., Knightly, L. M., Jun, S.-A., & Oh, J. S. (2002). Overhearing a language during childhood. Psychological Science, 13, 238-243.

Baker, J. K., Fenning, R. M., &Crnic, K. A. (2011). Emotion socialization by mothers and fathers: Coherence among behaviors and associations with parent attitudes and children's competence. Social Development, 20, 412-430.

Bates, J. E. (2012). Behavioral regulation as a product of

temperament and environment. In S. L. Olson & A. J. Sameroff (Eds.), Biopsychosocial regulatory processes in the development of childhood behavioral problems. New York: Cambridge University Press.

Baumrind, D. (1973). The development of instrumental competence through socialization. In A. Pick (Ed.), Minnesota symposium on child psychology (Vol. 7, pp. 3-46). Minneapolis, MN: University of Minnesota Press.

Bell, S. M., & Ainsworth, M. D. S. (1972). Infant crying and maternal responsiveness. Child Development, 43, 1171-1190.

Berndt, T. J., & Perry, T. B. (1990). Distinctive features and effects of early adolescent friendships. In R. Montemayor (Ed.), Advances in adolescent research. Greenwich, CT: JAI Press.

Birdsong, D., &Molis, M. (2001). On evidence for maturational constraints in second-language acquisition. Journal of Memory and Language, 44, 235-249.

Black, B., & Logan, A. (1995). Links between communication patterns in mother-child, father-child, and child-peer interactions and children's social status. Child Development, 66, 255-271.

Black, M. M., Dubowitz, H., & Starr, R. H., Jr. (1999). African American fathers in low income, urban families: Development, behavior, and home environment of their three-year-old children. Child Development, 70, 967-978.

Bowlby, J. (1989). Secure and insecure attachment. New York: Basic Books.

Boysson-Bardies, B. de, Halle, P., Sagart, L., & Durand, C. (1989). A crosslinguistic investigation of vowel formants in babbling. Journal of Child Language, 16, 1-17.

Buhrmester, D., & Furman, W. (1990). Perceptions of sibling relation-ships during middle childhood and adolescenc. Child Development, 61, 1387-1398.

Buhs, E. S., & Ladd, G. W. (2002). Peer rejection as antecedent of young children's school adjustment: an examination of mediating processing. Developmental Psychology, 37, 550-560.

Campione-Barr, N. (2011). Sibling conflict. Encyclopedia of family health. Thousand Oaks, CA: Sage.

Campione-Barr, N., & Smetana, J. G. (2010). "Who said you could wear my sweater?" Adolescent siblings' conflicts and associations with relationship quality. Child Development, 81, 464-471.

Campione-Barr, N., Greer, K. B., & Kruse, A. (2013). Differential associations between domains of sibling conflict and adolescent emotional adjustment. Child Development, 84(3), 938-954.

Carpenter, M., Akhtar, N., &Tomasello, M. (1998). Fourteen-through 18-month-old infants differentially imitate intentional and accidental actions. Infant Behavior and Development, 21, 315-330.

Caspi, A., Henry, B., McGee, R. O., Moffitt, T. E., & Silva, P. A. (1995). Temperamental origins of child and adolescent behavior problems: From age three to age fifteen. Child Development, 66, 55-68.

Cassidy, J., Kirsh, S. J., Scolton, K. L., & Parke, R. D. (1996). Attachment and representations of peer relationships. Developmental Psychology, 32, 892-904.

Chess, S., & Thomas, A. (1982). Infant bonding: Mystique and reality. American Journal of Orthopsychiatry, 52, 213-222.

Chess, S., & Thomas, A. (1990). Continuities and discontinuities in temperament. In L. N. Robins & M. Rutter (Eds.) Straight and devious pathways from childhood to adolescence (pp. 205-220). Cambridge, UK: Cambridge University Press.

Coie, J. D., & Dodge, K. A. (1988). Multiple sources of data on social behavior and social status in the school: A cross-age comparison. Child Development, 59, 815-829.

Collins, W. A., & Steinberg, L. (2006). Adolescent development in interpersonal context. In W. Damon &R. M. Lerner (Editors-in-chief) & N. Eisenberg (Vol. Ed.), Handbook of child psychology: Vol. 3. Social, emotional, and personality development (6th ed., pp. 1003-1067). Hoboken, NJ: Wiley.

Crain-Thoreson, C., & Dale, P. S. (1992). Do early talkers become early readers? Linguistic precocity, preschool language, and emergent literacy. Developmental Psychology, 28, 421-429.

DeBaryshe, B. D. (1993). Joint picture-book reading correlates of early oral language skill. Journal of Child Language, 20, 455-461.

DeCasper, A. J., & Fifer, W. P. (1980). Of human bonding: Newborns prefer their mothers' voices. Science, 208, 1174-1176.

Denham, S. A., Bassett, H. H., & Wyatt, T. (2007). The

socialization of emotional competence. In J. E. Grusec& P. D. Hastings (Eds.), Handbook of socialization. New York: Guilford.

Dodge, K. A., Coie, J. D., &Lynam, D. (2006). Aggression and antisocial behavior in youth. In W. Damon & R. M. Lerner (Editors-in-chief) & N. Eisenberg (Vol. Ed.), Handbook of child psychology: Vol. 3. Social, emotional, and personality development (6th ed., pp. 719-788). Hoboken, NJ: Wiley.

Dodge, K. A., Schlundt, D. C., Schocken, I., &Delugach, J. D. (1983). Social competence and children's sociometric status: The role of peer group entry strategies. Merrill-Palmer Quarterly, 29, 309-336.

Dweck, C. S. (2006). Mindset. New York: Random House.

Elkind, D. (1978). Understanding the young adolescent. Adolescence, 13, 127-134.

Fernald, A. (1985). Four-month-olds prefer to listen to motherese. Infant Behavior and Development, 8, 181-195.

Fernald, A. (1991). Prosody in speech to children: Prelinguistic and linguistic functions. In R. Vasta (Ed.), Annals of child development (Vol. 8, pp. 43-80). London, UK: Jessica Kingsley.

Finnie, V., & Russell, A. (1988). Preschool children's social status and their mothers' behavior and knowledge in the supervisory role. Developmental Psychology, 24, 789-801.

Frodi, A. M., Lamb, M. E., Leavitt, L. A., & Donovan, W. L. (1978). Fathers' and mothers' responses to infant smiles and cries. Infant Behavior and Development, 1, 187-198.

Giedd, J. N. & others (2012). Automatic magnetic resonance

imaging of the developing child and adolescent brain. In V. F. Reyna & others (Eds.), The adolescent brain. Washington, DC: American Psychology Association.

Goleman, D. (1995). Emotional intelligence. New York: Basic Books.

Goodwyn, S. W., &Acredolo, L. P. (1993). Symbolic gestures versus word: Is there a modality advantage for the onset of symbol use? Child Development, 64, 688-701.

Gottman, J. M., &DeClaire, J. (1997). The heart of parenting: Raising an emotionally intelligent child. New York: Simon & Schuster.

Gove,W. R., Style, C. B., & Hughes, M. (1990). The effect of marriage on the well-being of adults: A theoretical analysis. Journal of Health and Social Behavior, 24, 122-131.

Greenman, P. S., Schneider, B. H., &Tomada, G. (2009). Stability and change in patterns of peer rejection: Implications for children's academic performance over time. School Psychology International, 30, 163-183.

Hart, B., &Risley, T. R. (1995). Meaningful differences in the everyday experience of young Americans. Baltimore: Paul H. Brookes.

Hoff-Ginsberg, E. (1991). Mother-child conversation in different social classes and communicative settings. Child Development, 62, 782-796.

Hoffman, L. W., &Kloska, D. D. (1995). Parents' gender-based attitudes toward marital roles and child rearing: Development and validation of new measures. Sex Roles, 32, 273-295.

Hops, H., & Finch, M. (1985). Social competence and skill: A reassessment. In B. H. Schneider, K. H. Rubin, & J. E. Ledingham (Ed.), Chidren's peer relations: Issues in assessment and intervention (pp. 23-39). New York, NY: Springer-Verlag.

Howes, C. (1987). Peer interaction of young children. Monographs of the society for Research in Child Development, 53 (1, Serial No. 217).

Hubbard, J. A. (2001). Emotion expression processes in children's peer interaction: The role of peer rejection, aggression, and gender. Child Development, 72, 1426-1438.

Huston, A. C. (1983). Sex typing. In E. M. Hetherington (Ed.), Handbook of child psychology: Vol. IV. Socialization, personality, and social development (4th ed., pp. 387-467). New York, NY: Wiley.

Isley, S. L., O'Neil, R., Clatfelter, D., & Parke, R. D. (1999). Parent and child expressed affect and children's social competence: Modeling direct and indirect pathways. Developmental Psychology, 35, 547-560.

Jacobsen, T., Edelstein, W., &Hofman, V. (1994). A longitudinal study of the relation between representations of attachment in childhood and cognitive functioning in childhood and adolescence. Developmental Psychology, 30, 112-124.

Johnson, J., & Newport, E. (1989). Critical period effects in second language learning: The influence of maturational state on the acquisition of English as a second language. Cognitive Psychology, 21, 60-99.

Kagan, J. (1994). Galen's prophecy: Temperament in human nature. New York, NY: Basic Books.

Kagan, J., Reznick, J. S., &Snidman, N. (1988). Biological basis of childhood shyness. Science, 240, 167-171.

Kagan, J., Snidman, N., & Arcus, D. (1993). On the temperamental categories of inhibited and uninhibited children. In K. H. Rubin & J. B. Asendorpf (Eds.), Social withdrawal, inhibition, and shyness in children (pp. 19-28). Hillsdale, NJ: Erlbaum.

Kendrick, K., Jutengren, G., &Stattin, H. (2012). The protective role of supportive friends against bullying perpetration and victimization. Journal of Adolescence, 35(4), 1069-1080.

Kim, K. H. S., Relkin, N. R., Lee, K., & Hirsch, J. (1997). Distinct cortical areas associated with native and second languages. Nature, 388, 171-174.

Kochanska, G., Coy, K. C., & Murray, K. T. (2001). The development of self-regulation in the first four years of life. Child Development, 72, 1091-1111.

Kuhl, P. K. (1993). Infant speech perception: A window on psycholinguistic development. International Journal of Psycholinguistics. 9, 33-56.

Labouvie-Vief, G., Gruhn, D., &Studer, J. (2010). Dynamic integration of emotion and cognition: Equilibrium regulation in development and aging. In M.E. Lamb, A. Freund, & R. M. Lerner

(Eds.), Handbook of life-span development (Vol. 2). New York: Wiley.

Ladd, G. W. (1983). Social networks of popular, average, and rejected children in school settings. Merrill-Palmer Quartlerly, 29, 283-307.

Ladd, G. W., & Hart, C. H. (1992). Creating informal play opportunities: Are parents' and preschoolers' initiations related to children's competence with peers? Developmental Psychology, 28, 1179-1187.

Lamb, M. E. (1981). The role of the father in child development (rev. ed.). New York, NY: Wiley.

Lamb, M. E., Pleck, J. H., Charnov, E. L., & Levine, J. A. (1987). A biosocial perspective on paternal behavior and involvement. In J. B. Lancaster, J. Altmann, A. S. Rossi, & L. R. Sherrod (Eds.), Parenting across the life span: Biosocial dimensions (pp. 111-142). New York, NY: Aldine de Gruyter.

Langlois, J. H., & Stephan, C. (1981). Beauty and the beast: The role of physical attractiveness in the development of peer relations and social behavior. In S. S. Brehm, S. H. Kassin, & F. X. Gibbons (Eds.), Developmental social psychology (pp. 152-168). New York, NY: Oxford University Press.

Leerkes, E. M., Parade, S. H., &Gudmundson, J. A. (2011). Mothers' emotional reactions to crying pose risk for subsequent attachment insecurity. Journal of Family Psychology, 25, 635-643.

Lenneberg, E. (1967). Biological foundations of language. New

York, NY: Wiley.

Lewis, M. (1993). Early socioemotional predictors of cognitive competency at 4 years. Developmental Psychology, 29, 1036-1045.

Lunkenheimer, E. S., Shields, A. M., & Cortina, K. S. (2007). Parental emotion coaching and dismissing in family interaction. Social Development, 16, 232-248.

Mascalo, M. F., & Fischer, K. W. (2010). The dynamic development of thinking, feeling, and acting over the life span. In W. F. Overton & R. M. Lerner (Eds.), Handbook of life-span development (Vol. 1). New York: Wiley.

Moon, C., Cooper, R. P., & Fifer, W. P. (1993). Two-day-olds prefer their native language. Infant Behavior and Development, 16, 494-500.

Moss, E., Rousseau, D., Parent, S., St.-Laurent, D., & Saintonge, J. (1998). Correlates of attachment at school age: Maternal reported stress, mother-child interaction, and behavior problems. Child Development, 69, 1390-1405.

NICHD Early Child Care Research Network (2006). Infant-mother attachment: Risk and protection in relation to changing maternal caregiving quality over time. Developmental Psychology, 42, 38-58.

Pan, B. A., Rowe, M. L., Singer, J. D., & Snow, C. E. (2005). Maternal correlates of growth in toddler vocabulary production in low-income families. Child Development, 76, 763-782.

Parke, R. D., & O'Leary, S. (1976). Father-mother-infant

interaction in the newborn period: Some findings, some observations, and some unresolved issues. In K. F. Riegel & J. Meacham (Eds.), The developing individual in a changing world: Vol. 2. Social and environmental issues (pp. 653-663). The Hague: Mouton.

Pettit, G. S., Clawson, M. A., Dodge, K. A., & Bates, J. E. (1996). Stability and change in peer-rejected status: The role of child behavior, parenting, and family ecology. Merrill-Palmer Quarterly, 42, 267-294.

Proulx, C. M., & Snyder-Rivas, L. A. (2013). The longitudinal associations between marital happiness, problems, and self-rated health. Journal of Family Psychology, 27, 194-202.

Renninger, K. A. (1992). Individual interest and development: Implications for theory and practice. In K. A. Renninger, S. Hidi, & A. Krapp (Eds.), The role of interest in learning and development (pp. 361-395). Hillsdale, NJ: Erlbaum.

Renshaw, P. D., & Brown, P. J. (1993). Loneliness in middle childhood: Concurrent and longitudinal predictors. Child Development, 64, 1271-1284.

Rosenblum, G. D., & Lewis, M. (2003). Emotional development in adolescence. In G. Adams & M. Berzonsky (Eds.), Blackwell handbook of adolescence. Malden, MA: Blackwell.

Rothbart, M. K., & Bates, J. E. (2006). Temperament. In W. Damon & R. Lerner (Eds.), Handbook of child psychology (6th ed.). New York: Wiley.

Rothbart, M. K., Derryberry, D., & Posner, M. I. (1994). A

psychobiological approach to the development of temperament. In J. E. Bates & T. D. Wachs (Eds.), Temperament: Individual differences at the interface of biology and behavior (pp. 83-116). Washington, DC: American Psychological Association.

Rowe, M. L., & Goldin-Meadow, S. (2009). Differences in early gesture explain SES disparities in child vocabulary size at school entry. Science, 323, 951-953.

Saarni, C. (1999). The development of emotional competent. New York: Guilford.

Saarni, C., Campos, J., Camras, L. A., & Witherington, D. (2006). Emotional development. In W. Damon & R. Lerner (Eds.), Handbook of child psychology (6th ed.). New York: Wiley.

Salovey, P., & Mayer, J. D. (1990). Emotional intelligence. Imagination, Cognition, and Personality, 9, 185-211.

Shebloski, B., Conger, K. J., &Widaman, K. F. (2005). Reciprocal links among differential parenting, perceived partiality, and self worth: A three-wave longitudinal study. Journal of Family Psychology, 19, 633-642.

Sullivan, H. S. (1953). The interpersonal theory of psychiatry. New York, NY: W. W. Norton.

Sun, L. C., &Roopnarine, J. L. (1996). Mother-infant, father-infant interaction and involvement in childcare and household labor among Taiwanese families. Infant Behavior and Development, 19, 121-129.

Tannen, D. (1990). You just don't understand: Women and men

in conversation. New York: Ballantine.

Tronick, E. Z., Ricks, M., & Cohn, J. F. (1982). Maternal and infant affective exchange: Patterns of adaptation. In T. Field & A. Fogel (Eds.), Emotion and early interaction (pp. 83-100). Hillsdale, NJ: Erlbaum.

Updegraff, K. A., McHale, S. M., &Crouter, A. C. (1996). Gender roles in marriage: What do they mean for girls' and boys' school achievement? Journal of Youth and Adolescence, 25, 73-88.

Van den Boom, D. C. (1989). Neonatal irritability and the development of attachment. In G. A. Kohnstamm, J. E. Bates, & M. K. Rothbart (Eds.), Temperament in childhood. New York: Wiley.

Verschueren, K., &Marcoen, A. (1999). Representation of self and socioemotional competence in kindergartners: Differential and combined effects of attachment to mothers and fathers. Child Development, 70, 183-201.

Watson, J. B. (1928). Psychological care of infant and child. New York: W. W. Norton.

Woodward, S. A., McManis, M. H., Kagan, J., Deldin, P., Snidman, N., Lewis, M., & Kahn, V. (2001). Infant temperament and the brainstem auditory evoked response in later childhood. Developmental Psychology, 37, 533-538.

专访

在次好与最好之间选择

受访者：孙燕青

采访者：张书佳　成思杨

时间：2015 年 7 月

地点：北京师范大学心理学院

孙燕青，1995 届北京师范大学本科毕业生，先后跟随张厚粲先生、董奇教授完成硕博学业，后留校任教，于 2004 年前往多伦多大学做访学、博士后，现在纽约州立大学奥尔巴尼分校教授儿童与青少年心理发展、毕生心理发展等课程，并从事相关研究，曾在国内及美国当地华人社区举办过多次有关家庭教育与儿童发展、亲子交往、婚姻与家庭方面的讲座和工作坊。

S= 孙燕青老师

Q：您的求学和求职经历是怎样的？您是怎么从师大的校园走到现在的工作岗位的？

S：在上大学的时候，因为对心理学非常感兴趣，学起来比较顺手，成绩很好，跟同学们相处得也不错。另一方面，那时候比较贪玩，性格也不够成熟，而且一切来的似乎都很容易，因此比较骄傲轻狂，什么都是马马虎虎、得过且过。

本科毕业时，因为成绩优秀被保送上研究生，因此读研并不是我主动的选择，只是因为保送是个很好的机会，可以免去找工作的麻烦。张厚粲先生是我的导师，她是非常认真、严谨的，把我从一个贪玩的小孩儿变成一个非常认真的学生——做什么事都很用心，不敢出错。读研期间，我在不同地方打过工，有一些社会实践的经历。在对比了政府机关、公司、学校以后，我觉得自己还是更喜欢学校的环境，对研究工作也比较有兴趣，所以决定考博，慢慢往学术的方向走。我读博士的导师是董奇教授。在两位老师的言传身教与严格要求下，我的学术能力得到了很好的锻炼。

博士毕业后我留校任教，我先生在清华大学任教。2004年，我们一起去了加拿大多伦多大学，他做博士后，我做访问学者，一年以后，我也争取到了博士后的机会。在此后的两三年中，我们做了一些非常有意思的研究，直到今天，还被老板津津乐道。但做博士后毕竟不是长久之计，我们也开始考虑究竟是要留在国外还是回国发展。当时我们在国内的基础很好，没有什么生活压力，前景很明朗；在国外，由于文化背景差异大，又要从头开始，而且我们已经有了两个孩子，工作、生活的压力都很大。但从科研角度来说，如果回国的话，当时手上正在进行的研究可能就要放弃了。当时做这个选择很难，我们反复思考之后，决定要留下来。我先生对科研的执着和热爱是非常难得的，我希望他能有更好的环境从事科研。为此，我愿意撤下来，全心照顾家庭、孩子，支持他的事业。他本不愿我做这么大的牺牲，我们谈了很久，最后认为这样的选择对我们是最好的。

在国外的最初几年里我们生活非常拮据，不知道自己明天会在哪里，只有省吃俭用，拼命工作。我们租来的房子很小，家具都是二手的或者捡来的。就在这种艰苦的情况下，我们互相鼓励坚持了下来。当我还是个小女孩的时候，我总在想要找一个什么样的人，他能带给我什么、为我做什么，但是在那个时候，我想的就是我能为他做什么，为这个家做什么——这是我能坚持下去的一个动力来源。

在几次碰壁之后，我先生很幸运地拿到纽约州立大学的offer，待遇也还不错。当时我们只差八个月就能保留加拿大的身份，朋友们都给我们出主意，让他先去美国，我们拿到身份以后再去找他团聚，但是我们觉得这样分居两地没法相互照顾，对孩子成长也不好，最后我们选择抛下在加拿大的一切，一同去了美国。

到美国安顿下来之后，我先生的工作特别忙，压力也很大。我做全职主妇，精打细算，用他一个人的收入维持一家人的生活。忙碌之余，我也会时常怀念以前无牵无挂读书、工作的日子，会感觉到失落和痛苦，但是想来想去，还是宁愿做这样的选择。我们就这么扶持着过了两年，拿到了美国的绿卡，孩子也渐渐大一些了。有一天，我问小女儿将来想做什么，她说："我想当妈妈，照顾宝宝，像你一样。"我听了感觉很不是滋味，不是觉得当全职妈妈不好，而是她未来的路本来可以很宽，我想让她知道她可以有很多种选择。所以我对她说，"妈妈不光是你的妈妈，还是大学的老师。现在在家照顾你，是因为你还小。等你大一点，妈妈还是会去大学教书的。"

我开始留意找工作。在美国随便打一份工并不难，但我对于自己原来的工作依然很有热情，还是想做自己喜欢的工作。因此我找到了纽约州立大学的教务长，表达了想要在这里工作的意向，交上了自己的简历。当时我并没有抱太大希望，但是过了两个星期她找到我，说经过考察和联系，可以让我在教育学院工作，可以教学，也可以做科研（助理研究员），问我更倾向于哪一个。由于有博士后的经验，科研对我来说更为容易。但我知道如果科研要做得好，必须投入大量的精力，站在研究的前沿，而我需要照顾家庭，不可能做出这么大的投入。而且我喜欢与人交流，对教学更感兴趣，所以我选择了教学。但教学对于当时的我来说是非常困难的，我的英语水平并不好，给两三岁的孩子念故事书都有很多单词要查字典，而且我已经离开教学岗位那么多年了，对专业内容比较生疏，再加上我没有在国外读学位的经历，对美国的课堂文化非常陌生。在这样的条件下，教书对我来说简直是不可能的事情。为了给自己一些缓冲和备课的时间，我先去东亚系教了半年的中文课，一边教课一边学习英语，一边为自己要教的"儿童与青少年心理发展"备课。我找来大量的教学材料，反复地听、说、练习、大量地阅读，还手写了一本厚厚的讲义，反复修改，反复演练。麻烦的是在答应教书后我发现自己又怀孕了。所以那一段时间我一边要照顾两个孩子，一边教着中文课，一边还要花很多时间备课，就那么一直坚持着。等到我七月底生了孩子，八月就开学了。当时东亚系对我教的中文课非常满意，希望我能继续为他们上课，但我担心耽误久了会错失教专业课的机会，所以谢绝了东亚系的邀请，开始为教育学院上课。第一次站在讲台上的时候，我非常紧张，手一直在抖。尽管下了很多辛苦，教课中的困难仍然很多，第一学期讲得并不理想，学期末的评价勉强合格。但以后就一年比一年得心应手了，从第三年开始，我的课评得分就非常高了。教课的过程中我得到了很多人的帮助和鼓励，也学到了很多东西。现在我教着两门课，一门给本科生，一门给研究生。在我看来，教书带给我的乐趣和满足感，远远比职称和高薪大得多。今年，我最小的孩子也要上学了，我的自由时间也多了一些。我先生刚刚拿到一个美国自然科学基金的项目，为我争取到一个研究员的职位，这样我可以参与他的项目，希望研究和教学能够相辅相成。在最近五六年里，我在当地的华人社区举办过多次家庭教育、亲子交往、婚姻与家庭方面的讲座和工作坊，全部都是义务的。在此过程中，我与家长朋友们有很多有意思的交流，在服务社区的同时，我也受益良多。

Q：现在相比以前的日子，选择多了很多。那么在面对选择的时候会更加的迷茫和焦躁，不太清楚怎么去挖掘自己的兴趣点，您有什么建议？

S：我到了现在的年纪才比较明确自己适合什么、喜欢什么，年轻的时候也是不清楚。所以年轻的时候真的需要多去尝试、用心体会。比如要不要走研究这条路，说实话，做研究是非常艰苦的，如果想做得好的话，需要发自内心的兴趣和巨大的投入。如果对研究没那么大热忱，不如选择自己真正感兴趣的事情去做。

在本科阶段多给自己尝试的机会，在研究生的时候也可以多加探索，在读博士的时候就要慎重一点。我本科毕业的时候是保送读研究生，也就顺其自然。找导师的时候，我很冒失地敲开了张老师的门，向她介绍我的情况，问她愿不愿意接收我做她的学生，她爽快地同意了。读研期间，我去各种地方打工，临近毕业时也曾尝试去找工作。当时我本可以去公司或政府机关工作，但是我反复考虑，还是觉得更喜欢学校的环境，因此动了读博士的念头。小时候，我很好奇怎么判断一个人是否聪明，因此我读硕士时候的方向是心理测量。但在读书过程中，我越来越觉得聪明不聪明并不那么重要，而家长的教育对孩子成长的影响很大。那么怎么才能促进孩子的健康成长？这是我想知道的，因此我报考了发展心理研究所，成为董奇老师的博士生。此后的二十来年里，我的思考、研究和实践都是围绕着这个主题的。所以要给自己时间，发掘自己真正喜欢的东西，并坚持下去。

Q：您在中国和国外的大学都教过书，您觉得两个大学的学生有什么异同？

S：我觉得国外与国内的学生共通的地方很多。比如有些学生很用功，也有些不怎么努力，只是混日子。有些学生非常友善，很鼓励人，也有些个别学生比较刻薄、挑剔。对于友善、用功的学生，我心存感恩，感激他们为我的生活注入光彩。对于不友善、不投入的学生，我也会尽量善待他们。虽然我可能没办法改变他们对我或对学习的态度，但是我不会因此沮丧、生气。我尽最大的努力去帮助他们，询问他们的建议，帮助他们分析问题。每个人都有不同的时期，有些学生还没有到他们最好的时候，我希望随着他们个性的成熟，他们能有进步。我理解他们，宽容他们。我觉得**真正的强大，不是你很有力量把敌人都打败了，而是你内心广博，不把对方视为敌人，不让对方伤害到你，也不让别人的言语行为影响到你行事为人的原则和你的心境。**

我能帮助到的学生就会尽量地去帮助他们。如果没办法帮助的，我也尽可能不去过多地惩罚。因为我一直都相信，**如果你不认真对待生活，那么生活带给你的惩罚远比我能给你的多得多。**

十几年前我在国内教书的时候是上大课，以讲授为主，没有太多的交互。这次回来上课，是带小班的课。我发现同学们与国外的学生一样，很有想法，当我抛出一个问题时，会很积极地思考，有自己的见解，并乐于分享。所以关键是要有好的教学设计和宽容、开放的课堂环境，这对激发学生思考是特别重要的。

Q：听起来您的人生有许多很大的转折点您都做出了对自己来说很合适的选择，您是怎么做到的呢？

S：我在人生的各个阶段，面临过不少重大的选择，也经历过许多挫折，几乎没有什么日子是非常轻松的。印象里只有大学是无忧无虑的，大概是因为选择的专业比较适合自己。有的时候我也逃课（笑），然后去图书馆拿很多书对比着看，比较各个理论之间的联系和区别。我自己看明白了，感觉很有收获。但到了研究生和博士生的阶段，我非常努力，一般每天都是工作十五六个小时，除了吃饭、睡觉，都在实验室里，不管是什么难活累活，从来不逃避、不偷懒。后来出国，更是吃了不少辛苦。

我的选择其实没有你们想象的那么高明，甚至经常选的是很艰难的那一种，只不过那是自己选的，就坚持下去，对自己的选择负责。多年之后回头看看，觉得虽然苦一点，但是初衷不改。如果要我重新再选一遍，我还是会这样做。

就在去年，我又面临一个选择。我们系里有一个教授退休了，有一个正式的教授职位空缺出来。这个职位的要求与我的背景非常一致，系主任跟我谈话，她说她相信我能够胜任这个职位。我曾很动心，如果拿到这个职位我就实现了自己从前的梦想。但是那样的话我会分很大的精力在工作上，而对家庭疏于照顾。后来想想，其实我并不真的需要这个职位。我能好好地照顾家庭，陪伴孩子成长，闲暇时也能做一些自己喜欢的事，这已经是我梦想的生活了。这个选择我在十几年前就已经做过了，今天我依然选择放弃这个诱惑。

这也许是我至今在学术上也没有什么成就的一个"借口"吧。**这个世界上好东西太多了，我们通常不会为一个坏东西放弃一个好东西，但却可能会为了次好的东西放弃最好的东西，因为我们经常分不清什么是最好，什么是次好。所以学会分清也是一种人生智慧。当面临许多好东西又没法全都得到时，需要学会放弃。**

我的导师张先生曾说她觉得我是她的学生里非常幸运的一个。其实我在工作上的成就远远比不了其他师兄弟，张先生之所以这样说，可能只是因为我过着自己想要的生活。

今年是我们大学同学毕业二十周年，当年同窗共读，今天的生活道路各不相同。有的同学大学毕业就出国读书，然后在国外大学里作教授；有的同学出国后选择做家庭主妇，每天过得悠闲自得；许多没有出国的同学有的自己创业，有的在公司、学校等，也是事业有成。关键是你清楚自己想要什么样的生活，并为之努力，为自己的选择负责。

致谢

　　本书的写作得到了许多老师和朋友们的大力支持。北京师范大学心理学院的陈英和教授不辞劳苦在百忙之中亲笔作序；恩师张厚粲教授以及陈琦教授、刘儒德教授曾阅读部分书稿，并提出诸多宝贵意见和建议；北京师范大学出版社策划、我的师妹谢影不仅承担了本书的策划、编辑工作，还对全书的结构、内容、行文风格等提出了许多有见地的意见。还有许许多多的朋友都曾给予我热情的鼓励和无私的帮助，让我有勇气坚持下来，将自己的专业积累和实践经验整理汇总成文。执此付梓之际，向各位老师、朋友致以衷心的感谢！

　　感谢我的父母、爱人和孩子们，因着他们我有了温暖的家，经历着爱与成长。当然，他们还是我一手资料的源泉。

　　感谢亲爱的读者，与我一起探索为人父母的旅程。如果本书能够引起您的共鸣，唤起您的思考，或者为您带来点滴启示，我将不胜欢欣。